MW01519813

Éditeur : COBRA
18/22, rue des Poissonniers
92200 Neuilly-sur-Seine
RCS Nanterre 333 761 377

Crédits photographiques
Couverture : photo principale Bilic/Sucré Salé ; vignette h : Garcia/Sucré Salé ; vignette c : Radvaner/Sucré Salé ; vignette b : Nicoloso/Sucré Salé ; rabat h : Bury/Sucré Salé ; rabat hc : Taillard/Sucré Salé ; rabat bc : Bichon/Sucré Salé ; rabat b : Begovic/ Stockfood/StudioX.

Pp. 3h, 31cd, 33 : Garcia/Sucré Salé ; pp. 3c, 85hg : Radvaner/Sucré Salé ; pp. 3b, 30hg, 52, 79 : Nicoloso/Sucré Salé ; pp. 4, 44cd, 22cd : Foodfolio/Sucré Salé ; pp. 5g, 37, 45cd, 69 cd : Mallet/Sucré Salé ; pp. 5d, 42, 77, 93cd : Asset/Sucré Salé ; pp. 6, 69hg, 91, 93hg : Bury/Sucré Salé ; pp. 7, 41, 57 : Marielle/Sucré Salé ; pp. 8, 89 : Amiel/Sucré Salé ; p. 9 : Lister/ StockFood/StudioX ; p. 10 : Leser/Sucré Salé ; p. 11 : Bilic/Sucré Salé ; p. 12 : Hall/Sucré Salé ; p. 13hg : Le photographe/Sucré Salé ; pp. 13cd, 73, 74, 75cd, 76, 83 : Food & Drink/Sucré Salé ; pp. 14, 31hg, 66, 82, 84cd, 86 : Studio/Sucré Salé ; p. 15 : Castilho/StockFood/StudioX ; pp. 16, 17, 47, 59, 62 : Lawton/Sucré Salé ; p. 18 : Fotospring/Sucré Salé ; p. 19 : Viel/Sucré Salé ; p. 20, 32, 43, 46, 68, 88 : Rivière/Sucré Salé ; p. 21 : Studio Adna/StockFood/StudioX ; p. 22hg : Gagne/StockFood/StudioX ; pp. 23hg, 28, 45hg, 65 : Desgrieux/Sucré Salé ; pp. 23cd, 24 : Debru/Sucré Salé ; pp. 25, 55 hg, 55 cd : Bagros/Sucré Salé ; p. 26 : Sirois/Sucré Salé ; p. 27 : Vogt/StockFood/StudioX ; pp. 29, 64 : Paquin/Sucré Salé ; p. 30cd : Amiard/Sucré Salé ; pp. 34, 40, 56 : Taillard/Sucré Salé ; p. 35 : Drool/StockFood/StudioX ; p. 36 : Darqué/Sucré Salé ; p. 38 : Bono/Sucré Salé ; p. 39hg : Riou/Sucré Salé ; p. 39cd : Bichon/StockFood/StudioX ; pp. 44hg, 94 : Poisson d'Avril/Sucré Salé ; pp. 48, 67 : Veigas/ Sucré Salé ; p. 49 : Sudres/Sucré Salé ; p. 50 : Lipov/StockFood/studioX ; p. 51 : Bialy/StockFood/StudioX ; p. 53 : Bonisolli/ StockFood/StudioX ; p. 54 : Croes/StockFood/StudioX ; p. 58 : Gaurier/Sucré Salé ; p. 60 : Carrière/StockFood/StudioX ; p. 61hg : Chassenet/Sucré Salé ; p. 61cd : Flayols/Sucré Salé ; p. 63 : Firofoto/StockFood/StudioX ; p. 70 : Dowey/StockFood/ StudioX ; pp. 71, 87 : Roulier/Turiot/Sucré Salé ; p. 72 : Bichon/Sucré Salé ; p. 75 hg : Finley/StockFood/StudioX ; p. 78 : Thys/ Supperdelux/Sucré Salé ; p. 80 : Renaudin/Sucré Salé ; p. 81 : Morgans/StockFood/StudioX ; p. 84hg : Westermann/StockFood/ StudioX ; p. 85cd : Begovic/StockFood/StudioX ; p. 90 : Murtin/Sucré Salé ; p. 92 : Foodfolio/StockFood/StudioX.

Conception graphique, réalisation : MediaSarbacane
Rédaction : Yann Leclerc, Françoise Zimmer

Imprimé par CAYFOSA
Ctra de Caldes, km 3
08130 Sta Perpetua de Mogada
Barcelone (Espagne)

Achevé d'imprimer : février 2011
Dépôt légal : mars 2011
ISBN : 978-2-8152-0242-8

Ma cuisine pratique de saison

mes **recettes** de **Mai**

Sommaire du mois de Mai

Entrées

Plats

accompagnements

desserts

Artichauts poivrade à la grecque

Une recette parfaite en entrée, qui peut également être servie chaude, en accompagnement d'agneau grillé.

Délicat | Pour **4 personnes** | Préparation **20 min** | Cuisson **30 min** | Réfrigération **2 h**

Ingrédients

- 1 citron non traité
- 12 petits artichauts poivrade
- 3 c. à soupe d'huile d'olive
- 2 gousses d'ail hachées
- 15 cl de vin blanc sec
- 10 graines de coriandre
- 1 petite branche de fenouil émincée
- 3 brins de thym
- 1 feuille de laurier
- 2 tomates pelées, épépinées et concassées
- Une quinzaine d'olives noires et vertes
- Sel, poivre

1. Émincez la moitié du zeste du citron, puis pressez-le et versez la moitié du jus dans une jatte emplie à demi d'eau. Coupez les queues ainsi que les extrémités pointues des artichauts, puis retirez les feuilles extérieures les plus dures. Plongez les artichauts ainsi préparés dans l'eau citronnée.

2. Faites chauffer l'huile d'olive dans une sauteuse. Mettez-y les artichauts égouttés et l'ail à revenir 5 min à feu moyen, en mélangeant de temps en temps.

3. Arrosez avec le vin blanc sec, puis incorporez le zeste de citron râpé et le reste de jus de citron. Ajoutez la coriandre, le fenouil, le thym et le laurier. Salez et poivrez. Laissez cuire 10 min.

4. Incorporez les tomates concassées et laissez mijoter 10 min. Ajoutez enfin les olives et poursuivez la cuisson 5 min. Laissez refroidir, puis placez au réfrigérateur au moins 2 h. Servez bien frais.

L'artichaut poivrade

On appelle « poivrade » le petit artichaut violet de **Provence**, récolté quand il est encore **immature**. Il est ainsi très tendre, et on peut le consommer quasi entièrement, contrairement aux plus gros artichauts camus, dont on ne consomme que le cœur et l'extrémité des feuilles. On peut le déguster cru, en vinaigrette ou simplement à la croque-au-sel, mais aussi le faire sauter à l'huile d'olive ou l'étuver en cocotte. C'est « à la **barigoule** » qu'il est le plus souvent préparé, cuisiné avec du thym, de l'ail et des champignons. Choisissez-le petit et bien fermé ; ses feuilles doivent être rigides mais pas sèches, et non recourbées vers l'intérieur. Les plus jeunes n'ont pas encore de **foin**, ils sont souvent vendus en petites bottes, maintenues par un lien de raphia. ●

Tartare de saumon aux cébettes

Utilisez impérativement du filet de saumon très frais : faites-le lever devant vous par le poissonnier.

Facile | Pour **4 personnes** | Préparation **15 min** | Sans cuisson

Ingrédients
- 300 g de filet de saumon très frais
- 1 pomme granny smith
- 2 c. à s. de jus de citron vert
- 1 petite botte de cébettes
- 2 brins d'aneth
- Quelques petites fleurs comestibles, non traitées
- 2 c. à s. d'huile d'argan ou d'huile d'olive
- Sel, poivre blanc

---

1. Ôtez la peau du filet de saumon, puis supprimez toutes les arêtes éventuelles. Hachez-le finement, au couteau (n'utilisez pas de mixeur, qui réduirait le tout en purée collante).

2. Pelez et épépinez la pomme granny, coupez-la en tout petits dés. Mélangez dans une jatte les dés de saumon et de pomme ; citronnez immédiatement pour empêcher cette dernière de noircir.

3. Émincez finement les cébettes, en conservant quelques lamelles à part. Incorporez-les au contenu de la jatte, salez, poivrez et mélangez délicatement. Laissez macérer (de préférence) 20 min au frais.

4. Moulez le tartare au centre des assiettes de service, avec un cercle ou un ramequin. Déposez les cébettes réservées sur le dessus, ajoutez l'aneth ciselé et les petites fleurs. Arrosez d'un filet d'huile juste avant de servir.

Salade de champignons aux cébettes

Les légumes de printemps sont idéaux pour une salade à la mode thaïe, finement émincés et assaisonnés.

Facile | Pour **4 personnes** | Préparation **5 min** | Sans cuisson

Ingrédients

– 250 g de champignons de Paris
– 1 belle botte de cébettes ou de cives
– 150 g de pousses d'épinards
– 1 c. à s. de sauce soja

– 3 c. à s. d'huile de sésame
– 2 c. à s. de graines de sésame blanc
– Sel, poivre

1. Nettoyez rapidement les champignons de Paris (il ne faut pas qu'ils prennent l'eau) ; coupez-en les pieds terreux si nécessaire. Émincez-les finement, puis mettez-les dans un saladier.

2 Coupez les cébettes ou les cives en biseau, ajoutez-les dans le saladier, ainsi que les pousses d'épinards. Mélangez soigneusement.

3. Dans un bol, émulsionnez la sauce soja avec l'huile de sésame, salez modérément et poivrez. Faites griller les graines de sésame 30 s à sec dans une poêle antiadhésive.

4. Juste avant de servir, répartissez la salade dans des bols, nappez de sauce et parsemez de graines de sésame.

Tartelettes feuilletées aux asperges et aux morilles

Une entrée raffinée, qui se muera facilement en déjeuner accompagnée d'une simple salade verte.

Délicat | Pour **4 personnes** | Préparation **25 min** | Cuisson **35 min**

Ingrédients

- Une vingtaine de morilles
- 1 c. à s. de jus de citron
- 20 g de beurre + un peu pour les moules
- 1 botte d'asperges vertes
- 250 g de pâte feuilletée
- Un peu de farine pour le plan de travail et les moules
- 4 c. à c. de tapenade
- Quelques brins de cerfeuil
- Sel, poivre

1. Nettoyez très soigneusement les morilles, puis mettez-les dans une casserole. Ajoutez 15 cl d'eau, le jus de citron, le beurre, du sel et du poivre, puis portez à frémissements.

2. Laissez cuire 15 min à feu moyen, jusqu'à évaporation quasi totale du liquide, puis baissez le feu au minimum et poursuivez la cuisson quelques minutes, pour faire joliment sauter les morilles.

3. Pelez les asperges si nécessaire et coupez-en le pied. Faites-les cuire 15 min environ à l'eau bouillante salée : une pointe de couteau peut les transpercer facilement. Égouttez-les.

4. Pendant ce temps, préchauffez le four à 200 °C (th. 6/7). Étalez la pâte sur un plan de travail fariné, façonnez-la en 4 disques de 14 cm de diamètre et garnissez-en des moules à tartelettes beurrés et farinés.

5. Piquez les fonds de tartelettes à la fourchette, couvrez-les de papier sulfurisé et lestez de légumes secs. Enfournez pour 20 min, en ôtant le papier et le lest à mi-cuisson.

6. Démoulez délicatement les fonds de tartelettes et laissez-les tiédir. Étalez-y un peu de tapenade, puis garnissez des morilles et des asperges vertes. Décorez de cerfeuil avant de servir, tiède.

La morille

Contrairement aux autres **champignons**, poussant sous les tapis de feuilles mortes de l'automne, la morille est, elle, annonciatrice de **printemps**. On déconseille souvent de la nettoyer pour ne pas la gorger d'eau, mais il faut bien s'y résoudre, car des impuretés se cachent dans ses **alvéoles** : secouez-les une à une dans de l'eau vinaigrée, en les tenant par le pied. Sa saveur exceptionnelle sied parfaitement aux volailles (par exemple, un poulet de Bresse, à cuisiner avec du vin jaune), mais elle transformera également une simple omelette en un mets gastronomique. Attention, la morille crue est **toxique** : il convient de bien la faire cuire. Ne dédaignez pas les morilles **séchées** : une fois réhydratées, elles sont encore plus parfumées !

Quiche aux asperges vertes

Ne surcuisez pas vos asperges, car elles continueront à cuire légèrement en même temps que la quiche.

Facile | Pour **6 personnes** | Préparation **20 min** | Cuisson **50 min**

Ingrédients

– 1 botte d'asperges vertes
– 1 pâte brisée préétalée
– 3 œufs

– 150 g de ricotta
– 20 cl de crème liquide
– Sel, poivre

1. Pelez les asperges si nécessaire et coupez-en le pied. Faites-les cuire 12 min environ à l'eau bouillante salée : une pointe de couteau peut les transpercer, mais elles doivent être encore assez fermes. Égouttez-les.

2. Pendant ce temps, préchauffez le four à 190 °C (th. 6/7). Tapissez un moule à tarte de la pâte brisée, puis piquez le fond à la fourchette.

3. Disposez les asperges sur le fond de tarte. Battez les œufs avec la ricotta et la crème, salez et poivrez. Versez sur les asperges et enfournez le tout pour 35 min.

4. Laissez légèrement tiédir à la sortie du four et servez avec une salade verte.

L'asperge verte

Contrairement à l'asperge blanche, qui a été « forcée » dans l'obscurité, l'asperge verte a poussé **à la lumière du jour**, qui favorise la synthèse de la **chlorophylle**, d'où sa couleur. C'est l'asperge la plus **savoureuse** de toutes, au parfum le plus marqué. On ne la trouve sur les marchés que durant quelques semaines, dès le **début du mois de mai**. La variété **lauris**, cultivée dans les sols sablonneux de la Camargue, est la plus réputée, mais aussi la plus chère : surveillez les étiquettes pour pouvoir en profiter ! Les asperges vertes sont vendues en **bottes** ; elles sont souvent très longues, mais c'est une fausse indication : leur pied est en effet très **fibreux**, et il faut se résoudre à le couper. La plupart des asperges vertes doivent également être pelées : utilisez un économe et partez de la base de la **pointe**, en descendant jusqu'au pied. Les pointes sont plus fragiles : vous pouvez vous résoudre à les cuire séparément, à moins de posséder une casserole spécialement prévue à cet effet (voir ci-dessous). •

Conseils pratiques

• ACHAT

Les asperges doivent être bien droites et rigides, et continuer à regarder le ciel quand la botte est disposée verticalement. Testez la chair juste sous la pointe : elle ne doit pas être fibreuse.

• CONSERVATION

Les asperges vertes se conservent encore moins bien que les asperges blanches : elles deviennent rapidement dures et fibreuses. En revanche, aucun risque à leur faire voir le soleil, qu'elles connaissent déjà. Préparez-les le jour de l'achat, au pire le lendemain, en les conservant au frais dans un torchon légèrement humide.

• CUISSON

C'est l'étape la plus délicate, car le pied des asperges vertes demande 15 à 20 min de cuisson… alors que les pointes cuisent en quelques minutes à peine. Il existe dans le commerce des petites casseroles tout en hauteur, spécialement prévues à cet effet : les queues des asperges y cuisent à l'eau, et les pointes à la vapeur.

• PRÉPARATION

Disposez les asperges sur un plan de travail et coupez-en le pied d'un seul coup, avec un couteau à lame large : elles font ainsi toutes la même longueur et pourront cuire uniformément.

Le ✚ nutrition

L'asperge verte est diurétique et dépurative, notamment du fait de sa teneur en potassium, mais aussi grâce à ses fibres. C'est le légume frais le plus riche en vitamine B9 (folates). Il contient aussi de la vitamine K et une bonne quantité de fer.

Pour 100 g	
> 23 kcal	
> Protéines : 2,4 g	
> Folates : 101 µg	
> Fibres : 2 g	
> Fer : 0,9 mg	

Gaspacho de petits pois au bleu de Bresse

Moins classique que le gaspacho à la tomate, cette variante aux petits pois fait merveille avec le bleu.

Facile | Pour **4 personnes** | Préparation **15 min** | Cuisson **15 min** | Réfrigération **3 h**

Ingrédients

- 600 g de petits pois frais
  ou 150 g de petits pois surgelés
- 50 cl de bouillon de volaille
- 6 cl d'huile d'olive
- 50 g de bleu de Bresse
- Sel, poivre du moulin

1. Écossez les petits pois, mettez-les dans une casserole et ajoutez le bouillon de volaille. Portez à frémissements, baissez le feu et couvrez à demi. Laissez mijoter 10 min.

2. Versez dans le bol d'un mixeur, ajoutez l'huile d'olive et actionnez longuement. Salez et poivrez, puis mixez à nouveau.

3. Passez la préparation au chinois, puis réservez au réfrigérateur au moins 3 h.

4. Répartissez dans des bols, surmontez de bleu de Bresse coupé en très fines lamelles. Donnez un tour de moulin à poivre avant de servir.

Petites gougères au bleu de Bresse

Le printemps est la saison des fromages bleus par excellence, alors élaborés avec le meilleur lait de l'année.

Délicat | Pour **25 gougères environ** | Préparation **25 min** | Cuisson **22 min**

Ingrédients
– 160 g de bleu de Bresse
– 50 g de beurre
– 125 g de farine

– 3 œufs
– Sel, poivre

---

1. Préchauffez le four à 200 °C (th. 6/7). Versez 20 cl d'eau froide dans une casserole, ajoutez le beurre, du sel et du poivre. Portez à ébullition. Ajoutez la farine d'un coup et mélangez vivement.

2. Hors du feu, incorporez les œufs un à un. Déposez des boules de cette préparation sur une plaque tapissée de papier sulfurisé, bien espacées.

3. Enfournez pour 20 à 22 min : les gougères doivent être bien dorées et gonflées. Laissez refroidir hors du four.

4. Travaillez le bleu de Bresse à la fourchette pour qu'il forme une pâte homogène. Coupez les gougères en deux, garnissez-les de cette préparation. Servez avec une salade verte.

Œufs pochés aux capucines et canard

Choisissez impérativement des fleurs non traitées (à tous les stades de culture) pour pouvoir les consommer.

Facile | Pour **4 personnes** | Préparation **15 min** | Cuisson **8 min**

Ingrédients
- 1 c. à s. de vinaigre blanc
- 4 œufs très frais
- 1 botte d'asperges sauvages
- Quelques tranches de magret de canard fumé

- 1 barquette de fleurs de capucine non traitées
- 1 c. à s. de vinaigre de xérès
- 3 c. à s. d'huile d'olive
- Sel, poivre

---

1. Portez à ébullition une grande casserole d'eau additionnée du vinaigre et baissez à feu moyen. Cassez chaque œuf dans un ramequin et faites délicatement glisser dans l'eau. Laissez cuire 4 min, puis prélevez à l'écumoire et laissez tiédir.

2. Faites cuire les asperges sauvages 4 à 5 min à l'eau bouillante salée, puis égouttez-les. Taillez le magret de canard en aiguillettes.

3. Lavez rapidement les fleurs de capucine, égouttez-les et répartissez-les dans les assiettes. Ajoutez les aiguillettes de magret de canard, puis assaisonnez le tout de vinaigre de xérès et d'huile d'olive. Déposez 1 œuf mollet sur le dessus et donnez un tour de moulin à poivre.

Salade de mauve à la mangue et tomates

Tout commence par du vinaigre de framboise infusé de fleurs de mauve... Le reste n'est que poésie alimentaire !

Facile | Pour **4 personnes** | Préparation **10 min** | Sans cuisson | Macération **30 min**

Ingrédients

- 12 cl de vinaigre de framboise
- Une trentaine de fleurs de mauve
- Le cœur de 1 laitue
- 1 poivron vert
- 1 mangue
- 250 g de tomates cerises rouges et jaunes
- 3 c. à s. d'huile de pépins de raisin
- Sel, poivre

1. Versez le vinaigre de framboise dans une petite bouteille, ajoutez un tiers des fleurs de mauve, puis laissez macérer environ 30 min à température ambiante.

2. Lavez et essorez la laitue ; coupez le poivron vert en lanières ; pelez, dénoyautez et émincez la mangue en lamelles ; coupez les tomates cerises en quatre.

3. Réunissez tous les ingrédients dans un saladier. Juste avant de servir, assaisonnez d'huile de pépins de raisin (ou d'une autre huile neutre) et d'une giclée de vinaigre de framboise parfumé à la mauve. Salez et poivrez, et disposez le reste des fleurs de mauve sur le dessus.

Petits flans de carotte à la ciboulette

Des petits flans très frais, à peine pris, où la carotte est relevée par le fromage de chèvre et la ciboulette.

Facile | Pour **4 personnes** | Préparation **15 min** | Cuisson **40 min**

Ingrédients

- 1 botte de carottes
- 2 échalotes
- 1 c. à s. d'huile d'olive
- 100 g de fromage de chèvre frais

- 1 œuf
- ½ botte de ciboulette
- Sel, poivre

1. Pelez les carottes et coupez-les en tronçons. Pelez et émincez les échalotes. Faites chauffer l'huile dans une casserole et mettez-y les carottes et les échalotes à suer 10 min à feu moyen.

2. Salez et poivrez, puis arrosez de 10 cl d'eau. Portez à frémissements et poursuivez la cuisson 5 min, toujours à feu moyen. Laissez tiédir.

3. Préchauffez le four à 150 °C (th. 5). Mixez le mélange, puis incorporez le chèvre et enfin l'œuf. Mélangez vigoureusement, mais pas trop longtemps : la préparation risquerait de gonfler à la cuisson.

4. Ciselez la ciboulette (conservez quelques brins pour la décoration), puis incorporez-la au mélange précédent. Répartissez dans 4 ramequins, puis déposez ceux-ci sur une plaque creuse. Versez 2 cm d'eau autour et enfournez pour 25 min.

5. À la sortie du four, laissez refroidir, puis placez au réfrigérateur au moins 2 h avant de servir, décoré de quelques brins de ciboulette.

La carotte fanes

On appelle « carotte fanes » la carotte **primeur**, disponible dès les premiers jours du mois de mai et jusqu'au début de l'été. Il faut en supprimer les fanes avant de la faire cuire, mais préservez un petit **panache** : il donnera une jolie présentation, et sa saveur est agréable. Il est inutile de peler la carotte fanes ; contentez-vous de la laver sous l'eau courante avant de bien la **frotter** au gros sel. Les carottes fanes sont délicieuses **glacées** au beurre, ce qui leur garde tout leur croquant, mais vous pouvez également les **braiser**, par exemple pour les préparer à la crème, ou simplement les rehausser d'un filet de jus de citron et de fines herbes ciselées. Évidemment riches en bêta-carotènes, les carottes sont de précieuses alliées en matière de **bronzage**. Pour préparer l'été en douceur…

Rouleaux de printemps aux crevettes

Les rouleaux de printemps sont à votre portée ! Il suffit d'un tour de main... après quelques essais !

Délicat | Pour **4 personnes** | Préparation **25 min** | Trempage **10 min** | Sans cuisson

Ingrédients

- 60 g de vermicelles de riz
- 8 belles feuilles de laitue
- 8 galettes de riz (en magasin asiatique)
- 2 carottes coupées en fine julienne
- 50 g de pousses de soja
- 2 brins de menthe
- 8 crevettes roses décortiquées
- Nuoc-mâm ou sauce soja, pour servir

---

1. Faites tremper les vermicelles de riz 10 min dans de l'eau tiède. Lavez et essorez les feuilles de laitue.

2. Trempez les galettes de riz une à une dans de l'eau froide, puis déposez-les sur un torchon humide. Placez 1 feuille de laitue par-dessus, puis ajoutez de la carotte, des pousses de soja, des vermicelles essorés et quelques feuilles de menthe.

3. Roulez la feuille de riz serrée autour des ingrédients, en rabattant rapidement les côtés. Déposez 1 crevette rose sur le dessus avant de rabattre l'extrémité de la feuille.

4. Servez immédiatement ou gardez au frais sous un linge humide. Servez accompagné de nuoc-mâm ou de sauce soja.

Soupe de laitue et lanières de jambon

Vous pouvez ajouter un bouquet de persil plat pour apporter davantage de saveur à cette soupe réconfortante.

Facile | Pour **4 personnes** | Préparation **10 min** | Cuisson **35 min**

Ingrédients

– 3 échalotes
– 1 laitue
– 1 pomme de terre moyenne
– 40 g de beurre

– 75 cl de bouillon de légumes
– 10 cl de crème liquide
– 1 tranche de jambon blanc un peu épaisse
– Sel, poivre

1. Pelez et émincez les échalotes. Lavez et essorez la laitue, puis hachez-la au couteau. Pelez la pomme de terre et coupez-la en cubes.

2. Faites fondre le beurre dans un faitout. Mettez-y les échalotes et la laitue à suer 5 min à feu moyen. Ajoutez la pomme de terre, arrosez avec le bouillon et portez à frémissements. Baissez le feu, couvrez à demi et laissez mijoter 30 min.

3. Réservez quelques feuilles de laitue cuite, réduisez le reste en purée au mixeur plongeant. Ajoutez la crème liquide et mixez encore quelques secondes.

4. Répartissez la soupe dans 4 assiettes creuses et ajoutez quelques feuilles de laitue cuite. Coupez la tranche de jambon en fines lanières et ajoutez-les au centre. Servez immédiatement.

Les laitues

On parle généralement de « la » laitue, en désignant spécifiquement **la laitue pommée**, à grosses feuilles enveloppantes. Mais toutes ces salades que nous affublons du vocable générique de « **salade verte** » sont en fait… des laitues ! Il est ainsi de la **feuille de chêne**, de la **batavia** ou de la **romaine**, sans oublier la sucrine, la lollo rossa ou la laitue iceberg… (Mais la scarole, la mâche ou la frisée font partie d'autres familles de végétaux.) Toutes ces salades sont à leur meilleure forme à la charnière du **printemps** et de l'été, même si certaines variétés ont été développées pour une production hivernale. Bien fraîches, elles se suffisent à elles-mêmes, simplement rehaussées d'une **vinaigrette** ou d'une sauce équivalente, mais elles sont également à la base de toutes les salades composées, et vous pouvez également en faire des potages ou des garnitures : par exemple, **braisées** comme des endives ou **farcies** à la manière d'un un chou vert. Oubliez les feuilles de laitue « décoratives », mais faites-en un véritable ingrédient, au cœur de vos meilleures recettes ! ●

Conseils pratiques

• ACHAT

Les feuilles doivent être bien fraîches et craquantes, non flétries et surtout pas molles. Évitez les sachets de laitue prête à consommer, ou privilégiez les variétés à côtes épaisses, qui se prêtent mieux à ce mode de stockage : cœur de laitue, romaine…

• CONSERVATION

Achetée bien fraîche, une salade se conserve aisément 2 à 3 jours dans le bas du réfrigérateur, protégée par un emballage non hermétique (papier journal…), qui lui évite de fermenter.

• PRÉPARATION

Les laitues doivent être bien lavées, sous l'eau courante, une feuille après l'autre, car elles abritent souvent de la terre, du sable, des petits insectes… Vous pouvez les tremper rapidement dans une eau légèrement vinaigrée.

• CUISSON

Utilisez les feuilles tendres et le vert des feuilles intérieures pour une salade, et réservez les côtes pour une soupe. Vous pouvez aussi les utiliser pour faire cuire des petits pois : la laitue braisée leur donne un petit goût très agréable.

Le ✚ nutrition

Les laitues sont riches en bêta-carotène et en vitamine B9 (folates). Leur apport en vitamine C est d'autant plus appréciable qu'on les consomme souvent crues. Elles sont très peu caloriques, avec à peine 15 kcal/100 g… Évidemment, c'est compter sans la vinaigrette…

Pour 100 g
> 15 kcal
> Protéines : 1 g
> Glucides : 1 g
> Bêta-carotène : 2 200 µg
> Folates : 101 µg
> Vitamine C : 9 mg

Une année de **saveurs** et de **plats délicieux** dans une collection en **12 volumes**

Le maroilles

Pâte molle à **croûte lavée**, élaboré au lait de vache, le maroilles est typiquement un fromage du **Nord**. Il y est fabriqué depuis plus de 1 000 ans, suivant une tradition régulièrement modernisée. On l'appelle parfois « le plus fin des **fromages forts** », et il est exact qu'il propose à la fois une saveur subtile et un bouquet particulièrement puissant. Sa pâte au goût corsé s'accommode ainsi de simples **pommes de terre** à l'eau ou sautées, mais aussi des **salades vertes**, y compris les plus douces : la mâche lui sied à merveille ! Bénéficiant d'une AOC, le maroilles est l'ingrédient indispensable de la goyère, une sorte de quiche très gourmande, spécialité de l'**Avesnois**, mais c'est également un fromage de plateau, à servir avec un pain croustillant. Il est affiné pendant 4 mois, sur des claies de rotin, dans des caves faites de briques (assurant ainsi une hygrométrie parfaite). Pendant cette période, il est retourné chaque semaine, et sa croûte est lavée à la **bière**. ●

Conseils pratiques

• ACHAT

La croûte doit être brillante, voire humide, surtout pas desséchée. La couleur peut varier du rouge brique au brun rougeâtre. Il peut éventuellement être jaune orangé, mais jamais blanc. La pâte doit être onctueuse à cœur, bien souple, mais non collante (ce n'est pas un camembert !).

• CONSERVATION

Conservez-le idéalement dans son emballage d'origine (boîte en bois ou feuille de papier), dans un lieu frais et légèrement humide, à l'abri des insectes. Évitez le réfrigérateur, où il perd ses arômes… mais communique néanmoins son bouquet aux autres aliments !

• CHOIX

Le véritable maroilles pèse 800 g ; c'est une belle pièce qui peut être affinée plus longtemps et qui sera parfaite pour de savoureuses goyères. Mais il est décliné en fromages plus petits : sorbais, mignon et mignonnet pèsent ainsi 600, 400 et 200 g.

• CUISSON

Vous pouvez utiliser le maroilles en remplacement du reblochon pour vos recettes de tartiflette. N'hésitez pas à en parfumer vos quiches ou tartes salées, voire vos pizzas. Pour préparer une sauce au maroilles, coupez-le en dés et faites-le fondre à feu doux avec son poids en crème liquide : absolument sublime sur des pennes *al dente* !

Le ✚ nutrition

Le maroilles est un fromage gras (jusqu'à 50 % de matière grasse), mais il est presque aussi riche en protéines qu'en lipides. C'est également une excellente source de calcium. Sa saveur prononcée permet de le consommer en petites quantités, pour un apport calorique mesuré.

Pour 100 g
> **Protéines : 28 g**
> **Lipides : 29 g**
(dont 18 g d'acides gras saturés)
> **Calcium : 350 mg**

Petits croustillants de maroilles à la fondue de poireaux

La feuille de brick, indispensable alliée de vos croustillants gourmands, est toujours prête à être roulée !

Facile | Pour **4 personnes** | Préparation **25 min** | Cuisson **50 min**

Ingrédients
– 3 beaux poireaux
– 90 g de beurre
– 4 feuilles de brick

– 160 g de maroilles
– 1 barquette de mâche
– Fleur de sel, poivre du moulin

---

1. Coupez une partie du vert des poireaux, puis ôtez-en le pied et lavez-les soigneusement. Émincez-les finement et faites-les suer 5 min à feu moyen dans une sauteuse avec 60 g de beurre.

2. Arrosez de 10 cl d'eau, portez à frémissements, salez et poivrez. Baissez le feu au minimum, couvrez à demi et laissez mijoter 25 min. Coupez le feu et laissez tiédir.

3. Préchauffez le four à 190 °C (th. 6/7). Coupez les feuilles de brick en deux. Déposez un peu de fondue de poireaux au centre de ½ feuille de brick et ajoutez 1 cube de maroilles.

4. Refermez la feuille de brick autour de la garniture de façon à obtenir un triangle. Faites fondre le reste de beurre, badigeonnez-en le croustillant pour bien le sceller et le dorer.

5. Préparez ainsi 8 croustillants. Déposez-les au fur et à mesure sur une plaque tapissée de papier sulfurisé. Enfournez pour 20 min.

6. Laissez légèrement tiédir avant de servir, parsemé de fleur de sel et de poivre du moulin, avec la mâche.

» Le maroilles : le plus fin des fromages forts. »

Filet de flétan à la crème et au fenouil

Décorez le poisson avec les plumets bien verts et anisés du fenouil, juste avant de servir.

Facile | Pour **4 personnes** | Préparation **25 min** | Cuisson **30 min**

Ingrédients
– 2 échalotes hachées
– 30 g de beurre + un peu pour le plat
– 20 cl de vin blanc sec
– 4 filets de flétan de 200 g chacun environ
– 5 cl de jus de citron

– 2 beaux bulbes de fenouil
– 15 cl de crème liquide
– 1 c. à c. de filaments de safran
– Sel, poivre du moulin

---

1. Préchauffez le four à 170 °C (th. 5/6). Dans une casserole, faites suer les échalotes 5 min dans le beurre. Ajoutez le vin et laissez frémir 10 min.

2. Beurrez un plat à four, disposez-y les filets de flétan, salez et poivrez, et arrosez du jus de citron. Ajoutez le contenu de la casserole, couvrez de papier d'aluminium et enfournez pour 10 min.

3. Coupez les fenouils en deux et faites-les cuire 15 min à l'eau bouillante salée.

4. Prélevez les filets de poisson et réservez-les au chaud. Filtrez-en le jus de cuisson et versez-le dans une petite casserole. Ajoutez la crème et le safran, et laissez frémir 5 min. Versez sur le poisson, poivrez généreusement et servez avec le fenouil.

Paués de flétan sur purée au curcuma

Le flétan est ici cuit à l'étouffée, dans sa propre chaleur, puis serui sur une purée aromatique.

Facile | Pour **4 personnes** | Préparation **30 min** | Cuisson **35 min**

Ingrédients

– 4 pommes de terre à chair ferme (charlottes…)
– 10 cl de lait chaud
– 80 g de beurre
– 1 c. à c. de curcuma en poudre
– 1 botte d'asperges vertes

– 4 beaux pavés de flétan
– 15 cl de fumet de poisson
– 1 c. à c. de Maïzena® délayée dans un peu d'eau
– Sel, poivre

1. Faites cuire les pommes de terre 20 min à l'eau bouillante salée. Égouttez-les, pelez-les et réduisez-les en purée. Incorporez le lait, puis le beurre et la moitié du curcuma. Réservez au chaud.

2. Faites cuire les asperges vertes 15 min à l'eau bouillante salée. Faites chauffer un gril huilé à feu assez vif, déposez-y les pavés de flétan, laissez cuire 3 min, puis coupez le feu et recouvrez de papier d'aluminium. Laissez finir de cuire ainsi 5 min.

3. Faites chauffer le fumet de poisson. Incorporez le reste de curcuma ainsi que la Maïzena®. Laissez frémir 2 min.

4. Disposez un dôme de purée dans les assiettes. Surmontez d'un pavé de flétan, entourez de sauce et ajoutez les asperges. Décorez si vous le souhaitez de lanières de poivron juste poêlées et de ciboulette.

Miettes de crabe en petite macédoine

Un plat léger, à préparer avec la chair d'un tourteau frais ou des miettes de crabe au naturel.

Facile | Pour **4 personnes** | Préparation **10 min** | Sans cuisson

Ingrédients

- 200 g de chair de crabe émiettée
- 1 c. à c. de jus de citron
- 400 g de macédoine de légumes
- 150 g de mayonnaise
- ¼ de concombre coupé en rondelles
- Quelques tomates cerises

1. Égouttez le crabe s'il s'agit de miettes au naturel (si vous utilisez un tourteau frais, voir recette p. 29). Citronnez-le.

2. Égouttez la macédoine de légumes, mélangez-la avec la moitié de la mayonnaise. Répartissez cette préparation dans 4 coupelles, ajoutez les rondelles de concombre et les tomates cerises.

3. Disposez les miettes de crabe sur le dessus, puis ajoutez le restant de mayonnaise à l'aide d'une poche à douille. Réservez au frais jusqu'au moment de servir. Présentez avec des toasts bien croustillants.

Tourteau farci à la créole

Servez les crabes sur un lit de gros sel, et décorez de piments rouges et de brins de persil plat.

Délicat | Pour **4 personnes** | Préparation **30 min** | Cuisson **40 min**

Ingrédients

– 4 litres de court-bouillon
– 2 tourteaux vivants de 1,2 kg environ
– 3 échalotes
– 2 c. à s. d'huile d'olive
– 1 petit piment épépiné et émincé

– 1 pincée de quatre-épices
– 10 cl de vin blanc sec
– 2 c. à s. de chapelure
– Sel, poivre du moulin

1. Versez le court-bouillon dans un faitout et portez à ébullition. Faites-y cuire les tourteaux 20 min.

2. Égouttez, laissez tiédir, puis décortiquez, en prélevant toutes les chairs et le corail (voir p. 30). Nettoyez soigneusement les carapaces.

3. Dans une sauteuse, faites suer les échalotes dans l'huile 3 min à feu moyen. Ajoutez le crabe. Mélangez.

4. Préchauffez le four à 180 °C (th. 6). Ajoutez dans la sauteuse le piment, le quatre-épices, du sel et du poivre. Arrosez avec le vin blanc et laissez réduire 5 min à feu moyen.

5. Coupez le feu, puis incorporez la chapelure. Farcissez les carapaces de cette préparation et enfournez pour 10 min : l'ensemble doit être bien doré. Servez dès la sortie du four.

Le tourteau

Le tourteau est aussi appelé « **crabe dormeur** », ce qui est un nom bien injuste pour un animal qui parcourt, en fait, des distances considérables pour trouver sa nourriture au fond des mers : il est vrai qu'il se déplace la nuit et que nous le capturons le jour, quand il se cache **sous les rochers…** On en trouve toute l'année, mais la meilleure saison commence en mai, car il est à ce moment-là sexuellement non actif, et les femelles, qui ont la chair la plus fine, ne sont pas remplies d'œufs. On reconnaît la femelle à la forme plus bombée de sa **carapace** et au réceptacle à œufs (une sorte de large languette) placé sous celle-ci. Les mâles ont, quant à eux, des **pinces** plus grosses et plus puissantes. On cuisine le tourteau **vivant**, parfois même en le découpant à cru. Certains conseillent de le placer quelques minutes au congélateur, ce qui l'anesthésie. Les gros tourteaux (plus de 3 kg) sont aussi les meilleurs, mais on ne les trouve plus guère sur les étals. Reste à s'en remettre à la **pêche à pied**… ●

Conseils pratiques

• ACHAT

Un tourteau doit être lourd en main et, bien sûr, encore vivant au moment de l'achat. Choisissez-le avec une coquille de couleur sombre : trop pâle, celle-ci indiquerait qu'il vient de muer, sa chair étant alors plus molle et plus fade. Optez pour un mâle si vous préférez la chair des pinces, pour une femelle si vous privilégiez la chair du coffre ou envisagez de préparer un tourteau farci.

• CONSERVATION

Après l'achat, faites cuire le crabe dans les 48 h, car il doit rester vivant. Sortez-le de son emballage, emmaillotez-le dans un linge et réservez-le au réfrigérateur.

• PRÉPARATION

Pour découper un tourteau à cru, retournez-le, ôtez le cas échéant le réceptacle à œufs, puis retirez les pattes en les séparant du coffre. Jetez les branchies, mais recueillez soigneusement les chairs et les humeurs logées dans la carapace. Cassez les pâtes avant cuisson, mais ne les décortiquez qu'après : la chair aura ainsi plus de saveur.

• CUISSON

Une fois découpé en morceaux, le tourteau peut simplement être fariné, puis cuisiné en fricassée dans un peu de matière grasse. Vous pouvez aussi le cuire entier 15 à 20 min au court-bouillon ou dans une eau vinaigrée.

Le + nutrition

La chair blanche du tourteau est assez maigre, mais assez difficile à digérer, sauf quand il est cuit dans une eau vinaigrée. Attention, on l'apprête souvent avec des ingrédients gras : beurre, mayonnaise… ce qui le rend réellement indigeste !

Pour 100 g
> 115 kcal
> Protéines : 19 g
> Lipides : 5 g
> Sodium : 385 mg
> Phosphore : 347 mg

La langoustine

La « demoiselle des océans » figure parmi les **crustacés** les plus appréciés pour la qualité de sa chair. Elle arrive sur les étals en remplacement de la coquille Saint-Jacques, qu'elle suit dans la saison : consommez-la **d'avril à novembre**, simplement préparée **au naturel**. Le fin du fin consiste à la faire cuire dans de l'**eau de mer**, mais celle-ci se corrompt en 2 à 3 h à peine. À défaut, utilisez de l'eau salée à raison de 35 g/l et ajoutez une bonne rasade de vinaigre. **Fragile**, la langoustine ne reste vivante que quelques jours après avoir été prélevée, même conservée dans des conditions idéales, et il faut se résoudre à la cuisiner morte. Comme l'écrevisse, la langoustine doit être « **châtrée** » avant cuisson, c'est-à-dire qu'on doit en supprimer le boyau noir qui lui communique un goût de fiel. Elle existe en plusieurs calibres : évitez les très petites (35 au kg). Les grosses (10 à 12 au kg) sont plus savoureuses ; elles cuisent en à peine 3 à 4 min. ●

Conseils pratiques

• ACHAT

Idéalement, les langoustines s'achètent vivantes, mais dans les faits ce n'est possible que près des côtes. On peut les acquérir sur glace si elles sont encore très fraîches : vérifiez pour cela que la carapace est brillante et que la tête n'est pas noirâtre sur le pourtour.

• CONSERVATION

Achetées vivantes ou mortes, les langoustines ne se gardent pas : cuisinez-les le jour même. On en trouve des précuites qui, elles, se conservent quelques jours dans le réfrigérateur. Les langoustines surgelées ne sont pas à délaisser : fiez-vous à la date limite de consommation et aux consignes de cuisson.

• PRÉPARATION

Pour châtrer une langoustine, rien de plus simple : déroulez la queue sur un plan de travail, saisissez la nageoire du centre et tirez dessus délicatement, en exerçant une torsion : le boyau vient ainsi de lui-même, sur toute sa longueur.

• CUISSON

Pour la cuisson au naturel, l'eau doit être juste frémissante. Au barbecue, huilez légèrement la carapace pour l'empêcher d'adhérer à la grille. Vous pouvez aussi faire griller la langoustine après l'avoir décortiquée, mais l'opération est délicate sur l'animal cru, la chair adhérant fortement à la carapace.

Le + nutrition

La chair de la langoustine est particulièrement maigre, mais aussi riche en protéines. Évitez bien sûr la mayonnaise pour l'accompagner… C'est également une bonne source de vitamine E : 5 ou 6 belles langoustines en couvrent la moitié des besoins quotidiens.

Pour 100 g
> 90 kcal
> **Protéines : 17 g**
> **Lipides : 1,5 g**
> **Vitamine E : 2 mg**

Spaghetti aux langoustines

La seule difficulté de cette recette réside dans la préparation des langoustines : un tour de main à prendre !

Délicat | Pour **4 personnes** | Préparation **25 min** | Cuisson **25 min**

Ingrédients

- 250 g de spaghetti
- 20 belles langoustines
- 3 c. à s. de vinaigre de vin rouge
- 1 botte d'asperges vertes
- 100 g de févettes écossées

- 2 c. à s. d'huile d'olive
- 2 tomates pelées, épépinées et taillées en dés
- Jus de citron
- Quelques feuilles de basilic, pour décorer
- Gros sel, sel, poivre

1. Châtrez les langoustines (voir p. 31). Versez 2 l d'eau dans un faitout, ajoutez 100 g de gros sel et le vinaigre. Portez à frémissements, mettez-y les langoustines à pocher 3 min, puis égouttez.

2. Pelez les asperges et faites-les cuire 15 min à l'eau bouillante salée. 5 min avant la fin de la cuisson, ajoutez les févettes. Égouttez le tout.

3. Faites cuire les spaghetti à l'eau bouillante salée selon les instructions de l'emballage. Égouttez-les.

4. Décortiquez les langoustines en préservant les queues, faites-les sauter 30 s à l'huile d'olive, puis mélangez-les aux spaghetti. Répartissez dans les assiettes, ajoutez tous les légumes, arrosez de jus de citron, poivrez et décorez de basilic.

Langoustines au citron vert

Présentez ce plat avec des quartiers de citron vert et ajoutez quelques dés d'avocat si vous le souhaitez.

Facile | Pour **4 personnes** | Préparation **20 min** | Cuisson **10 min**

Ingrédients

- 16 langoustines prêtes à cuire
- 1 branche de citronnelle fraîche
- 80 g de beurre
- Le jus de 2 oranges

- Le zeste râpé et le jus de 1 citron vert non traité
- 2 c. à s. de miel
- Fleur de sel, sel, poivre du moulin

---

1. Portez 2 l d'eau salée à frémissements et ajoutez la citronnelle. Faites-y pocher les langoustines 3 à 4 min suivant leur taille, puis égouttez-les et laissez-les refroidir. Décortiquez 8 langoustines. Récupérez la citronnelle et émincez-la.

2. Dans une poêle, saisissez les langoustines entières 1 min dans la moitié du beurre, ajoutez les autres et laissez cuire 30 s. Répartissez dans les assiettes et parsemez de fleur de sel.

3. Déglacez la poêle avec le jus d'orange. Ajoutez le jus et le zeste de citron et la citronnelle. Laissez cuire 2 min, puis incorporez le miel et enfin le reste de beurre. Nappez les langoustines de cette sauce et servez immédiatement.

Paués de lieu en croûte d'herbes, sauce au poiuron orange

Cuits sous une véritable gangue d'aromates, les pavés de lieu gagnent en saveur sans perdre de leur fondant.

Facile | Pour **4 personnes** | Préparation **20 min** | Cuisson **20 min**

Ingrédients

- 2 poivrons orange
- 4 c. à s. d'huile d'olive
- 10 cl de crème liquide
- 4 pavés de lieu jaune de 200 g chacun
- 2 c. à s. de chapelure
- 1 c. à s. de moutarde de Dijon
- 1 gousse d'ail finement hachée
- 2 c. à s. de persil plat ciselé
- 2 c. à s. de coriandre ciselée
- 2 c. à s. de ciboulette ciselée
- Sel, poivre

1. Faites griller les poivrons au-dessus d'une flamme, puis pelez-les, épépinez-les et émincez-les finement. Mettez-les à fondre 5 min à feu doux dans une casserole avec 2 c. à s. d'huile d'olive, puis incorporez la crème et laissez mijoter 15 min.

2. Pendant ce temps, préchauffez le four à 200 °C (th. 6/7). Huilez légèrement un plat à four, puis déposez-y les pavés de lieu. Salez et poivrez.

3. Dans un bol, mélangez la chapelure, la moutarde, l'ail, les différentes herbes et le reste d'huile d'olive. Travaillez l'ensemble jusqu'à obtenir une préparation homogène. Répartissez celle-ci sur le poisson, en tassant bien.

4. Enfournez le tout pour 10 min. Servez entouré de sauce au poivron.

Le lieu

Il existe deux poissons assez différents nommés « lieu ». Le **lieu jaune**, au ventre gris et aux flancs tirant sur le gris ou le vert, évolue dans les eaux de la Manche et du golfe de Gascogne. Il présente une chair plus fine et plus savoureuse que le **lieu noir**, qui se rencontre davantage dans l'Atlantique Nord et jusqu'au Canada. On les trouve entiers, mais surtout en **filets**. Leur chair très blanche se fait **poêler** rapidement, car elle a tendance à se défaire à la cuisson prolongée. N'hésitez pas à le marier à la moutarde ou avec des épices, pour rehausser sa saveur peu prononcée. Les deux espèces sont également **maigres** (90 kcal/100g), ne contenant quasiment aucun lipide. Elles sont en revanche particulièrement riches en **protéines** : 20 g/100 g (soit autant que le bœuf). ●

Rillettes de maquereau à la coriandre

Des tartines aussi savoureuses qu'originales, pour un déjeuner ensoleillé ou un apéritif dînatoire malin !

Facile | Pour **8 personnes** | Préparation **20 min** | Cuisson **5 min**

Ingrédients

- 500 g de maquereaux frais vidés
- 2 l de court-bouillon
- 3 c. à s. de crème fraîche
- 1 c. à c. de moutarde de Dijon

- 1 bouquet de coriandre fraîche
- 1 c. à c. de baies roses
- Pain grillé, pour servir
- Sel, poivre du moulin

1. Dans une casserole, portez le court-bouillon à frémissements. Mettez-y les maquereaux à cuire 5 min. Sortez-les à l'écumoire et laissez-les refroidir.

2. Dépiautez-les délicatement pour ne conserver que la chair, en supprimant les arêtes. Mettez cette chair dans une jatte.

3. Ajoutez la crème fraîche, la moutarde, du sel et du poivre, et travaillez à la fourchette jusqu'à obtenir une préparation homogène (mais pas lisse).

4. Ciselez la coriandre (réservez quelques feuilles), et incorporez-la. Réservez au frais. Servez sur du pain grillé, décoré de baies roses et de coriandre.

Maquereaux grillés à la moutarde

Attention, recette de légende ! La moutarde, le vin blanc et le thym unissent leurs saveurs ravageuses…

Facile | Pour **4 personnes** | Préparation **5 min** | Cuisson **6 min** | Marinade **10 min**

Ingrédients

- 2 c. à s. de moutarde de Dijon
- 5 cl de vin blanc sec
- 2 c. à c. de thym effeuillé
  + quelques brins pour décorer
- 2 c. à s. d'huile de pépins de raisin
- 6 beaux maquereaux levés en filets
- Sel, poivre du moulin

1. Dans un bol, mélangez 1 c. à s. de moutarde avec le vin blanc sec, le thym, du sel et du poivre. Émulsionnez avec l'huile de pépins de raisin (ou une autre huile neutre).

2. Préchauffez le four à 200 °C (th. 6/7). Déposez les filets de maquereau dans un plat à four, puis nappez-les de la préparation précédente, en les

retournant plusieurs fois pour bien les en enrober. Laissez mariner 10 min.

3. Répartissez le reste de moutarde sur les maquereaux, côté peau. Enfournez pour 6 min.

4. Laissez légèrement tiédir à la sortie du four et décorez de brins de thym avant de servir.

Maquereaux braisés au citron

Autant que possible, utilisez une cocotte assez large pour que les maquereaux cuisent sans se chevaucher.

Facile | Pour **4 personnes** | Préparation **20 min** | Cuisson **25 min**

Ingrédients

- 8 petites pommes de terre nouvelles
- 2 c. à s. d'huile de tournesol
- 3 échalotes émincées
- 1 gousse d'ail écrasée
- 8 maquereaux vidés et étêtés

- Le jus de 2 citrons
- 10 cl de vin blanc sec
- 12 olives vertes
- ½ bouquet de persil plat ciselé
- Sel, poivre

1. Pelez les pommes de terre nouvelles, coupez-les en deux. Mettez-les dans une casserole, couvrez-les d'eau froide et ajoutez 1 pincée de sel. Portez le tout à frémissements et laissez cuire 15 min. Égouttez soigneusement.

2. Pendant ce temps, faites chauffer l'huile de tournesol dans une cocotte. Mettez-y les échalotes et l'ail à suer 3 min à feu moyen, puis déposez-y les maquereaux salés et poivrés. Faites-les revenir 2 min de chaque côté.

3. Arrosez avec le jus de 1 citron, puis avec le vin blanc. Ajoutez les olives, baissez le feu au minimum, couvrez et laissez cuire 15 min sans rien toucher.

4. Présentez les maquereaux avec les pommes de terre légèrement tiédies, le tout parsemé de persil plat ciselé. Arrosez du reste de jus de citron juste avant de servir.

Le maquereau

L'hiver, le maquereau plonge en eaux profondes et cesse alors quasiment de s'alimenter. Au début du **printemps**, il revient près des côtes pour se reproduire et, au passage, se refaire une santé, en dévorant tout le plancton croisé sur son passage. Au mois de mai, il présente ainsi une **chair dense** et goûteuse, qu'il serait bien dommage de snober tant elle est riche en saveurs… et en **nutriments** ! C'est bien sûr le prototype des **poissons gras**, mais sa chair n'est en réalité pas plus grasse que du blanc de poulet… et ces lipides sont principalement composés d'acides gras oméga-3 et oméga-6, essentiels pour l'organisme. C'est un poisson **bon marché**, pêché en différentes tailles portant chacune un nom spécifique. Les « **lisettes** », du format des sardines, sont les plus savoureuses, parfaites pour être cuites au barbecue ou marinées au **vin blanc**. Le maquereau « de ligne », plus gros, est délicieux poché ou cuisiné au four. Quant au maquereau « de chalut », il est encore plus volumineux (voir ci-dessous pour les précisions de cuisson). ●

Conseils pratiques

• ACHAT

Le maquereau est l'un des rares poissons dont les ouïes doivent être brunes, et non rouge sang. Il doit être ferme et même rigide, voire carrément cambré, ce qui est signe de grande fraîcheur.

• LE FAUX-AMI

Méfiez-vous de l'appellation « maquereau espagnol » : il ne s'agit pas d'un maquereau, mais d'un poisson tropical, à la chair plus fade, pêché au large de la Côte-d'Ivoire. Il a les flancs gris-bleu tachetés de jaune quasi uniformément de la tête jusqu'à la queue, ce qui permet de le différencier facilement de « notre » maquereau, malgré la similitude de forme.

• PRÉPARATION

Le maquereau n'a pas besoin d'être écaillé, car ses écailles sont de petite taille. Pour le cuire entier, videz-le simplement et ôtez-en la tête, mais préservez la queue. Les maquereaux petits ou moyens peuvent être levés en filets : l'opération est un peu longue, mais le tour de main se prend rapidement.

• CUISSON

Les petits maquereaux se font griller à la poêle, au barbecue ou à la plancha. Le maquereau dit « de chalut » a, lui, souvent longuement séjourné sur de la glace : réservez-le aux cotriades ou aux soupes de poisson.

Le ✚ nutrition

Le maquereau est moins gras au printemps, car il vient de parcourir des centaines de kilomètres pour se reproduire et a développé du muscle en lieu et place de la graisse : 130 kcal/100 g en mai contre 203 kcal/100 g en décembre ! Il est notamment riche en oméga-3 et en magnésium.

Pour 100 g		
> 130 kcal		
> Protéines : 18 g		
> Lipides : 7 g		
(dont oméga-3 : 1,4 g)		
> Magnésium : 28 mg		

Mini-cocottes de cabillaud au poivron jaune

Cuit à l'étouffée dans les mini-cocottes, le cabillaud garde tout son moelleux et se gorge de saveurs.

Facile | Pour **4 personnes** | Préparation **20 min** | Cuisson **25 min**

Ingrédients

- 2 poivrons jaunes
- 40 g de beurre
- 4 pavés de cabillaud de 160 g chacun environ
- 4 c. à s. de crème fraîche
- 1 jaune d'œuf
- 15 cl de vin blanc sec

- 8 tomates cocktail
- 4 brins d'aneth
- 1 c. à c. de baies roses
- Quelques quartiers de citron pour servir
- Sel, poivre du moulin

1. Ôtez le pédoncule des poivrons jaunes, puis épépinez-les et coupez-les en lanières. Faites-les suer 10 min dans une casserole avec 20 g de beurre, en mélangeant régulièrement.

2. Pendant ce temps, préchauffez le four à 180 °C (th. 6). Beurrez généreusement 4 petites cocottes individuelles. Déposez dans chacune 1 pavé de cabillaud.

3. Mélangez la crème fraîche avec le jaune d'œuf, délayez avec le vin blanc, puis répartissez cette préparation dans les cocottes. Ajoutez les tomates cocktail coupées en deux et disposez les lanières de poivron jaune sur le dessus.

4. Ajoutez 1 brin d'aneth dans chaque cocotte, parsemez de quelques baies roses et couvrez. Enfournez sur une plaque pour 15 min.

5. Laissez légèrement tiédir à la sortie du four. Servez avec quelques quartiers de citron.

« Le cabillaud est un poisson apprécié pour ses vertus tant culinaires que diététiques. »

Pizza maison aux sardines

Revisitez les pizzas avec cette version étonnante, où les filets de sardines prennent la place du poivron.

Facile | Pour **4 personnes** | Préparation **25 min** | Cuisson **25 min**

Ingrédients

- 3 gousses d'ail écrasées
- 2 c. à s. d'huile d'olive
- 400 g de tomates pelées, épépinées et concassées
- 250 g de pâte à pizza
- 1 boule de mozzarella
- 2 boîtes de filets de sardines à l'huile
- 25 olives noires
- Sel, poivre

1. Dans une casserole, faites suer l'ail 3 min à feu moyen avec l'huile d'olive, puis ajoutez les tomates concassées et laissez mijoter 15 min. Réduisez en purée au mixeur, salez, poivrez et laissez tiédir.

2. Préchauffez le four à 220 °C (th. 7/8). Garnissez une plaque de four avec la pâte à pizza et étalez-y ce coulis de tomate avec le dos d'une cuillère.

3. Taillez la mozzarella en dés ou en lanières, et répartissez-les sur la pizza. Égouttez soigneusement les filets de sardines sur du papier absorbant, puis ôtez-en l'arête centrale. Disposez-les sur la pizza.

4. Ajoutez les olives et enfournez pour 8 à 10 min : la pâte doit être bien dorée. Laissez légèrement tiédir avant de servir, avec une salade verte.

Sardines à la provençale

Faites désarêter les sardines par le poissonnier ou faites-le vous-même : c'est un tour de main à prendre...

Facile | Pour **4 personnes** | Préparation **15 min** | Cuisson **12 min**

Ingrédients
- 5 belles gousses d'ail
- Huile d'olive de la vallée des Baux-de-Provence
- 2 branches de fenouil
- 2 tomates pelées, épépinées et coupées en dés
- Une vingtaine de sardines fraîches étêtées et désarêtées
- 1 c. à s. de jus de citron
- Sel, poivre du moulin

1. Pelez les gousses d'ail, retirez-en le germe sans les abîmer, puis coupez-les en lamelles. Faites-les griller dans une petite casserole 5 à 6 min à feu vif avec 2 à 3 c. à s. d'huile d'olive.

2. Émincez finement les branches de fenouil (réservez les sommités), puis ajoutez-les dans la casserole, ainsi que les dés de tomate. Faites sauter ensemble 1 min, puis coupez le feu.

3. Huilez légèrement les sardines, puis faites-les griller au barbecue ou dans une poêle antiadhésive 2 à 3 min de chaque côté.

4. Déposez les sardines cuites dans un plat creux. Versez dessus le contenu de la casserole. Arrosez de jus de citron et d'un filet d'huile d'olive, salez et poivrez. Servez immédiatement.

La sardine

Abondante en Méditerranée et dans quasiment tout l'océan Atlantique, de l'Islande jusqu'au sud de l'Afrique, la sardine est un petit poisson au **dos bleu-vert** et aux **flancs argentés**, dont le ventre tire sur le blanc. Elle tient son nom de la Sardaigne, autour de laquelle elle était abondamment pêchée par les Grecs anciens. La sardine connaît deux vies culinaires : **fraîche** et **en conserve**. Fraîche, c'est typiquement un poisson d'été, à cuire au barbecue, de préférence en plein air car elle dégage à la cuisson une odeur tenace. La sardine est l'objet d'un débat vieux comme le monde : faut-il ou non l'écailler et la **vider** avant de la faire **griller** ? La réponse est oui, sauf si l'on dispose de petites sardines pêchées du jour. Celles-là, parsemez-les simplement d'un peu d'herbes de Provence et d'un filet d'huile d'olive et déposez-les telles quelles sur la grille du **barbecue**, au-dessus de braises chaudes. Quelques minutes de chaque côté, et le bonheur est assuré… En conserve, garnissez-en des tranches de pain grillé, c'est un régal !●

Conseils pratiques

• CHOIX

Vos sardines doivent être bien luisantes, rigides, avec l'œil brillant. Les ouïes ne doivent pas être tachées de sang. Elles se dégradent très rapidement : mieux vaut donc les cuisiner immédiatement après l'achat.

• ACHAT

Les premières sardines arrivent sur les étals dès le mois de mars, mais elles sont encore très petites, et leur chair, très maigre, est assez fade. À partir du mois de mai et jusqu'au début de l'été, elles sont plus dodues sans être encore trop volumineuses, et leur chair est plus grasse. C'est le moment idéal pour les faire griller, de préférence au barbecue, mais également à la poêle.

• CUISSON

Si les sardines moyennes conviennent donc au barbecue, les petites sont plus adaptées aux fritures, et les plus grosses cuisent au four, enveloppées de papier d'aluminium pour éviter le dessèchement (ainsi que la diffusion des odeurs, autant que faire se peut…).

• EN CONSERVE

La première conserverie de sardines fut créée à Nantes en 1824. Conservées à l'huile, les sardines se confisent tout doucement et se bonifient sans s'altérer… pendant des années. Certaines conserves se voient même millésimées ! Une seule consigne : retournez les boîtes une ou deux fois par an, pour bien répartir l'huile.

Le ✚ nutrition

Les sardines ne sont pas réellement un poisson gras, même si, en mai, elles le sont davantage qu'au début du printemps. Elles apportent par ailleurs autant de protéines que la viande de bœuf. Les valeurs qui suivent s'entendent pour des sardines fraîches : à l'huile, triplez l'apport calorique…

Pour 100 g
> 142 kcal
> Protéines : 21 g
> Lipides : 9 g
(dont oméga-3 : 2 g)

L'agneau

L'agneau symbolise peut-être à la perfection notre société multiculturelle : il est à la fois l'ingrédient principal du déjeuner dominical préféré des Français, le fameux **gigot-flageolets**, et la viande emblématique du **couscous** ou du tajine. Sa chair tendre et **goûteuse**, à la texture dense, est fort appréciée dans le monde entier, qu'elle soit sautée, mijotée ou rôtie. **L'agneau de lait** est abattu dès le début du printemps, à l'âge de 5 à 6 semaines. Il n'a été nourri que du lait de sa mère, et sa chair est particulièrement moelleuse. Sous le nom de « viande d'agneau », on trouve des viandes d'origines très diverses, provenant même de bêtes de plus de 1 an et qui ont commencé depuis longtemps à se nourrir en pâture, en suivant leur mère au champ. Ces agneaux, appelés « **broutards** », ont une chair à la saveur plus marquée, que tout le monde n'apprécie pas, évoquant l'odeur de suif du mouton. Aujourd'hui, l'importation (Australie, **Nouvelle-Zélande**) fournit l'essentiel de l'agneau vendu en grande distribution ; n'hésitez donc pas à vous fournir chez votre boucher attitré pour profiter des labels français. ●

Conseils pratiques

• ACHAT

Il existe de nombreux labels auxquels vous pouvez vous fier pour choisir votre viande : agneau du Quercy, de Pauillac, du Limousin (bénéficiant d'une IGP), Label Rouge pour l'agneau de l'Aveyron et l'agneau primeur des Pyrénées… Cette viande doit être très fraîche pour bien développer ses saveurs. Choisissez-la rouge vif, avec une graisse bien blanche, légèrement rosée.

• CONSERVATION

Sortez la viande de son emballage et conservez-la 3 à 4 jours au maximum dans une boîte hermétique placée dans le bas du réfrigérateur.

• PRÉPARATION

Prévoyez large, car la viande d'agneau fond à la cuisson. Vous pouvez la dégraisser avant de la cuire, mais, au four, la graisse protège et nourrit la chair pendant la cuisson.

• CUISSON

Dans la tradition française, la viande d'agneau est cuite rosée, voire saignante. Le gigot, qui peut être piqué d'ail, doit être enfourné à four très chaud. La cuisson est rapide, mais il faut le laisser reposer une quinzaine de minutes avant de le servir, pour détendre les chairs. À l'opposé, la recette du gigot de sept heures donne une chair si tendre qu'on peut la déguster à la cuillère.

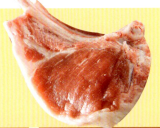

Le ➕ nutrition

La viande d'agneau est assez grasse, mais ce gras est visible, et non pas réparti dans la chair comme pour le bœuf : il est donc simple de la dégraisser. Viande jeune, elle est riche en eau et assez pauvre en nutriments.

Pour 100 g
> **210 kcal**
> **Protéines : 15 g**
> **Lipides : 16 g**
  (dont graisses saturées : 9 g)
> **Fer : 2 mg**

Souris d'agneau au romarin

La souris est l'extrémité du gigot ; son goût est toujours très fin, et sa texture légèrement gélatineuse.

Facile | Pour **4 personnes** | Préparation **25 min** | Cuisson **1 h**

Ingrédients
– 2 belles souris d'agneau
– 2 c. à s. d'huile d'olive
– 2 gousses d'ail écrasées
– 1 botte de carottes pelées
– 5 cl de vin blanc sec

– 3 ou 4 branches de romarin
– 200 g de flageolets
– 1 botte d'asperges vertes pelées
– 1 c. à s. de pignons de pin grillés à sec
– Sel, poivre

1. Salez et poivrez les souris d'agneau. Faites chauffer l'huile d'olive dans une cocotte et mettez-y les souris à dorer 5 min de tous côtés à feu moyen.

2. Ajoutez l'ail et les carottes, faites suer quelques minutes, puis arrosez de vin blanc. Ajoutez 10 cl d'eau et le romarin. Baissez le feu au minimum, couvrez et laissez mijoter 30 min.

3. Ajoutez les flageolets et poursuivez la cuisson 25 min. Pendant ce temps, faites cuire les asperges 15 min à l'eau bouillante salée. Égouttez-les bien et ajoutez-les aux autres légumes pour les dernières minutes de cuisson.

4. Disposez le tout dans un plat et parsemez des pignons de pin juste avant de servir.

Boulettes d'agneau à la marocaine

Ces boulettes sont relevées d'épices et de poudre d'amandes, laquelle leur donne aussi leur consistance.

Facile | Pour **4 personnes** | Préparation **20 min** | Cuisson **10 min** | Réfrigération **30 min**

Ingrédients
– 700 g de viande d'agneau hachée (épaule)
– 1 oignon haché
– 2 gousses d'ail hachées
– ¼ de c. à c. de cannelle en poudre
– 1 c. à c. de ras-el-hanout
– 1 c. à s. de miel

– 1 blanc d'œuf
– 2 c. à s. de poudre d'amandes
– Farine
– 15 cl d'huile d'olive
– 2 c. à s. de coriandre fraîche ciselée
– Sel, poivre du moulin

---

1. Dans une jatte, mélangez la viande d'agneau, l'oignon, l'ail, la cannelle, le ras-el-hanout, le miel et le blanc d'œuf. Salez et poivrez, puis ajoutez la poudre d'amandes et travaillez jusqu'à obtenir une préparation homogène.

2. Réservez au frais 30 min, pour raffermir la préparation, puis façonnez des boulettes entre les paumes des mains légèrement enfarinées. Roulez les boulettes une à une dans la farine.

3. Faites chauffer l'huile dans une grande poêle antiadhésive. Mettez-y les boulettes à cuire 8 à 10 min à feu moyen, en les retournant souvent.

4. Servez bien chaud, parsemé de coriandre.

Pigeonneau farci aux petits pois et aux cerises

L'accord du pigeonneau avec les petits pois est toujours réussi ; il est ici rehaussé par l'acidulé des cerises.

Facile | Pour **4 personnes** | Préparation **30 min** | Cuisson **50 min**

Ingrédients

– 4 pigeonneaux vidés, cœurs et foies réservés
– 2 tranches de jambon cru hachées
– 1 gousse d'ail hachée
– 2 tranches de pain de mie écroûté trempées dans du lait
– ¼ de c. à c. de piment d'Espelette
– 4 brins de romarin

– 100 g de beurre
– 20 oignons grelots pelés
– 1 oignon émincé
– 400 g de petits pois écossés
– 200 g de cerises de Montmorency au sirop
– Sel, poivre

1. Préchauffez le four à 200 °C (th. 6/7). Hachez finement les cœurs et les foies des pigeonneaux, mélangez avec le jambon cru haché, l'ail, le pain de mie essoré et le piment d'Espelette. Salez et poivrez.

2. Flambez les pigeonneaux de tous côtés, puis farcissez-les de cette préparation et ajoutez 1 brin de romarin à l'intérieur de chacun d'eux. Ficelez-les soigneusement et déposez-les dans un plat à four.

3. Parsemez de la moitié du beurre détaillé en parcelles et enfournez pour 15 min, en retournant les pigeonneaux régulièrement et en les arrosant de leur jus de cuisson.

4. Pendant ce temps, faites fondre le reste de beurre dans une casserole et mettez-y les oignons grelots à colorer 3 min à feu moyen. Incorporez l'oignon et les petits pois, salez et poivrez, couvrez d'eau froide à hauteur et portez à frémissements. Laissez cuire 15 min.

5. Versez le contenu de la casserole entre les pigeonneaux, ajoutez les cerises en badigeonnant les pigeonneaux d'un peu de leur sirop. Enfournez à nouveau pour 15 min. Servez bien chaud.

Le pigeonneau

Le pigeonneau est un petit pigeon élevé pour sa chair, abattu à environ 28 jours. Il est nourri à 70 % de **grains entiers**, dans des colombiers, tout élevage industriel étant impossible avec cet animal fragile. On le trouve chez les **volaillers**, entier ou en morceaux (cuisses, filets, suprêmes, baronnets…). On peut également l'apprêter en « crapaudine », c'est-à-dire partiellement désossé et ouvert à plat. Faites-le rôtir dans un four assez chaud ou cuire dans un bouillon frémissant, comme une **poule au pot**, ou encore façon « Clamart », avec des petits pois, des oignons et de la laitue. Sa chair maigre, pauvre en cholestérol et **peu calorique** (110 kcal/100 g), est une bonne source de fer. ●

Poulet rôti au citron

Le secret de cette recette ? Les petits-suisses qui farcissent le poulet, contribuant au moelleux de la chair.

Facile | Pour **4 personnes** | Préparation **15 min** | Cuisson **1 h**

Ingrédients

– 3 citrons non traités
– 1 poulet fermier de 1,6 kg environ, vidé
– 2 petits-suisses
– 2 gousses d'ail écrasées
– 2 tranches de pain de mie trempées dans du lait
– 10 à 12 brins d'herbes fraîches : estragon, thym…

– Huile de tournesol
– 800 g de pommes de terre nouvelles pelées et coupées en deux
– 2 carottes coupées en rondelles
– Sel, poivre

---

1. Scarifiez en profondeur l'un des citrons, puis déposez-le à l'intérieur du poulet. Mélangez les petits-suisses, l'ail, le pain de mie essoré, du sel, du poivre et la moitié des herbes ciselées. Farcissez le poulet de cette préparation, puis ficelez-le.

2. Préchauffez le four à 200 °C (th. 6/7). Huilez légèrement un plat à four, puis déposez-y le poulet. Entourez des pommes de terre, des carottes et de

1 citron coupé en rondelles. Nappez le tout d'un filet d'huile de tournesol, salez et poivrez.

3. Arrosez du jus du dernier citron et versez 10 cl d'eau dans le plat. Parsemez du reste d'herbes et couvrez de papier d'aluminium. Enfournez pour 1 h.

4. 15 min avant la fin de la cuisson, ôtez le papier d'aluminium pour bien faire dorer le poulet.

Sauté de poulet à la provençale

Le poulet mijote ici avec des tomates, des olives noires et de la sauge. Servez avec des tagliatelle.

Facile | Pour **4 personnes** | Préparation **20 min** | Cuisson **1 h**

Ingrédients

- 3 c. à s. d'huile d'olive
- 1 poulet fermier coupé en 8 morceaux
- 2 oignons hachés
- 3 gousses d'ail écrasées
- 3 ou 4 branches de sauge ciselées
  + un peu pour décorer

- 10 cl de vin blanc sec
- 800 g de tomates pelées, épépinées
  et concassées
- 50 g d'olives noires
- Sel, poivre

1. Faites chauffer l'huile d'olive dans une cocotte et mettez-y les morceaux de poulet à dorer de tous côtés 5 min à feu vif. Salez et poivrez.

2. Retirez les morceaux de poulet à l'écumoire, ajoutez les oignons et l'ail, et faites suer 5 min à feu moyen. Ajoutez la sauge, arrosez avec le vin blanc et laissez bouillonner 1 min.

3. Incorporez les tomates concassées et portez le tout à frémissements. Remettez les morceaux de poulet en cocotte et couvrez. Laissez cuire 25 min.

4. Ajoutez les olives noires et poursuivez la cuisson 20 min. Rectifiez l'assaisonnement avant de servir, décoré de quelques branches de sauge.

Lapin rôti aux fèves et tomates séchées

Suivant les étals de votre marché, ajoutez dans la cocotte d'autres légumes de saison : cardons, salsifis…

Facile | Pour **4 personnes** | Préparation **25 min** | Cuisson **1 h**

Ingrédients

− 2 c. à s. d'huile d'olive
− 1 lapin coupé en 8 morceaux
− 3 échalotes émincées
− 10 cl de vin blanc sec
− 8 tomates séchées

− 12 marrons au naturel
− 150 g de févettes écossées
− 16 noisettes décortiquées grillées à sec
− Sel, poivre

1. Faites chauffer l'huile d'olive dans une cocotte. Mettez-y les morceaux de lapin salés et poivrés à revenir 5 min à feu moyen. Ajoutez les échalotes, laissez suer 3 min, puis déglacez avec le vin blanc.

2. Ajoutez dans la cocotte les tomates séchées et arrosez de 10 cl d'eau. Portez à frémissements, couvrez et laissez cuire 20 min. Préchauffez le four à 180 °C (th. 6).

3. Ajoutez les marrons et les févettes, couvrez à nouveau et enfournez pour 30 min.

4. Rectifiez l'assaisonnement, puis répartissez les morceaux de lapin dans 4 assiettes. Entourez des échalotes, des tomates, des marrons et des févettes. Concassez grossièrement la moitié des noisettes et parsemez-en le lapin. Disposez les noisettes entières autour.

Ragoût de **lapin** aux tomates et aux olives

C'est cuite à l'étouffée que la viande de lapin reste la plus moelleuse, en se gorgeant d'arômes.

Facile | Pour **4 personnes** | Préparation **20 min** | Cuisson **50 min**

Ingrédients
– 2 c. à s. d'huile d'olive
– 1 lapin coupé en 8 morceaux
– 2 gros oignons émincés
– 1 c. à s. de vinaigre de vin

– 4 tomates
– 1 petite branche de sauge
– 16 olives noires
– Sel, poivre

1. Faites chauffer l'huile d'olive dans un faitout. Mettez-y les morceaux de lapin salés et poivrés à revenir 5 min à feu moyen. Ajoutez les oignons et laissez suer 7 à 8 min, en mélangeant très régulièrement.

2. Pendant ce temps, ébouillantez les tomates et passez-les sous l'eau courante. Pelez-les, coupez-les en quatre, épépinez-les et détaillez-les en dés.

3. Déglacez le faitout avec le vinaigre de vin, puis ajoutez 10 cl d'eau. Incorporez les dés de tomate et la sauge, et portez le tout à frémissements. Couvrez et laissez mijoter 20 min.

4. Ajoutez les olives noires et poursuivez la cuisson environ 15 min. Rectifiez l'assaisonnement avant de servir, bien chaud.

Râbles de lapin à la moutarde et au thym

La moutarde et le lapin font toujours bon ménage, la saveur de l'une relevant celle de l'autre, sans piquant.

Facile | Pour **4 personnes** | Préparation **25 min** | Cuisson **50 min**

Ingrédients

– 2 beaux râbles de lapin coupés en deux
– 5 c. à s. de moutarde de Dijon
– 3 c. à s. d'huile d'olive
– 4 branches de thym frais
  ou 1 c. à c. de thym séché

– 25 cl de vin blanc sec
– 1 c. à s. de moutarde à l'ancienne
– 1 botte de carottes fanes
– 600 g de pommes de terre nouvelles
– Sel, poivre du moulin

1. Salez et poivrez les râbles de lapin et enduisez-les généreusement de moutarde. Faites chauffer l'huile d'olive dans une cocotte et mettez-y les râbles à revenir 7 à 8 min à feu moyen, pour bien les dorer de tous côtés.

2. Ajoutez le thym, puis arrosez avec le vin blanc, en grattant les sucs dans le fond de la cocotte pour bien les dissoudre. Incorporez la moutarde, baissez le feu, puis couvrez et laissez mijoter 10 min.

3. Pendant ce temps, pelez les carottes en gardant un peu de leurs fanes. Pelez également les pommes de terre. Ajoutez les pommes de terre et les carottes dans la cocotte. Couvrez et poursuivez la cuisson environ 30 min à feu doux. Servez aussitôt.

Le lapin

On désigne indifféremment par le mot « lapin » le lapin d'élevage, dit « de **clapier** », et le lapin de **garenne**, qui est un gibier. Mais on ne trouve quasiment que le premier cité sur les étals. C'est une viande maigre, qui est considérée comme une volaille. Le lapin se prête facilement aux marinades, car il absorbe les saveurs sans se gorger du liquide. Il est généralement vendu dépouillé et éviscéré, mais entier, avec le foie et les rognons à part. Coupé en morceaux, le lapin se prépare le plus souvent en **fricassée**, se mariant particulièrement bien à la **moutarde**, au genièvre et à la bière. Le râble, la partie qui s'étend du bas des côtes jusqu'à la queue, est le morceau noble du lapin. Il peut être rôti, braisé ou encore préparé en ragoût. Choisissez le lapin ni trop gros ni trop petit : le poids idéal est d'environ 1,4 kg. Le **lapereau**, de moins de 1 kg, offre en effet une viande plus fade. Quant aux lapins de plus de 2 kg, ils sont déjà trop vieux, et leur chair pourrait être plus revêche : réservez-les aux **civets**. ●

Conseils pratiques

• ACHAT

Un bon lapin est plutôt petit mais dodu, avec des cuisses et un râble rebondis. L'œil doit être saillant et encore bien brillant, la chair d'un rose blanchâtre, drapée d'un voile translucide : ce voile ne doit pas être rouge, ce serait le signe que le lapin a été mal nettoyé, et la chair se gâterait rapidement. Le foie doit être d'un rouge profond, et sa membrane bien tendue.

• CONSERVATION

Sortez le lapin de son emballage et réservez-le au réfrigérateur, enveloppé dans un linge propre et sec, durant 2 à 3 jours au grand maximum.

• PRÉPARATION

Les os du lapin, très fins, forment des esquilles, c'est pourquoi il ne faut jamais le découper avec un couperet, mais en insérant un petit couteau pointu entre les articulations. Coupez la tête, séparez les cuisses (pattes arrière), puis dégagez le râble. La cage thoracique et les pattes avant ne s'utilisent pas.

• CUISSON

Vous pouvez le cuisiner entier ou en morceaux, de préférence à couvert pour éviter tout dessèchement : une cocotte est l'ustensile idéal. Au four, bardez-le d'une crépine de porc, là encore pour protéger la viande du dessèchement.

Le ✚ nutrition

Le lapin d'élevage est un peu plus calorique que le lapin de garenne (133 kcal/100 g), mais il reste maigre et digeste. Il est riche en vitamines B12 et PP, ainsi qu'en fer. Évitez de le cuisiner avec trop de matières grasses, préférez les cuissons à l'étouffée !

Pour 100 g
> 167 kcal
> Protéines : 20 g
> Lipides : 9 g
> Fer : 0,9 mg
> Vitamine B12 : 2,2 mg

Paupiettes de **veau** braisées et leur garniture de petits légumes

Braisées en cocotte avec des aromates et les légumes émincés, ces paupiettes sont une vraie réussite.

Facile | Pour **4 personnes** | Préparation **25 min** | Cuisson **45 min**

Ingrédients

- 4 belles paupiettes de veau
- 20 g de beurre
- 1 c. à s. d'huile de tournesol
- 2 branches de céleri
- 3 petits oignons
- 3 gousses d'ail

- 3 carottes
- 100 g de fins lardons
- 100 g de champignons de Paris
- 15 cl de vin blanc sec
- 1 petit bouquet garni (thym, laurier, persil)
- Sel, poivre du moulin

1. Salez et poivrez les paupiettes de veau. Dans une cocotte, faites chauffer le beurre et l'huile à feu moyen. Mettez-y les paupiettes à rissoler 7 à 8 min, en les retournant régulièrement.

2. Pendant ce temps, émincez le céleri (réservez les dernières feuilles pour la décoration). Pelez les oignons et coupez-les en quartiers. Pelez et écrasez les gousses d'ail. Pelez les carottes et coupez-les en dés.

3. Ajoutez dans la cocotte les lardons, les oignons, l'ail, le céleri et les carottes. Faites suer le tout 8 min à feu moyen, en mélangeant régulièrement.

4. Émincez les champignons de Paris sur les autres légumes. Arrosez du vin blanc, ajoutez le bouquet garni, puis baissez le feu au minimum. Couvrez et laissez mijoter 30 min.

5. Servez les paupiettes entourées de toute leur garniture aromatique, en décorant du céleri réservé. Donnez un tour de moulin à poivre avant de servir.

La paupiette

Elle trône comme un joyau dans les vitrines des charcutiers : à la fois simple et **raffinée**, la paupiette demeure l'une des préparations culinaires les plus emblématiques de la cuisine française. À la base, il s'agit simplement d'une **fine tranche de veau**, bien aplatie, qui enveloppe une farce aux compositions variables. Aujourd'hui, le veau est souvent remplacé par de la dinde, moins onéreuse. Pour bien cuire les paupiettes à cœur sans les dessécher, l'idéal est de les faire **braiser** : faites colorer sur toutes les faces dans une cocotte avec une belle noix de beurre, puis arrosez d'une ou deux louchées de bouillon et laissez mijoter 25 min à couvert. Dans certaines régions, les paupiettes sont appelées « **alouettes** » ou « **oiseaux sans tête** » : elles sont alors, le plus souvent, mijotées dans une sauce tomate. ●

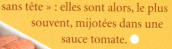

Paella aux fruits de mer

Le grand classique de la cuisine espagnole dans toute sa splendeur, richement garni de tout l'or des océans.

Facile | Pour **6 personnes** | Préparation **30 min** | Cuisson **45 min**

Ingrédients

- 2 c. à s. d'huile d'olive
- 200 g d'encornets ou d'anneaux de calmar
- 8 à 12 grosses crevettes ou gambas
- 1 poivron rouge épépiné et coupé en dés
- 1 petit piment épépiné et coupé en dés
- 1 oignon haché
- 2 gousses d'ail écrasées
- 300 g de riz bomba ou de riz rond
- 1 l de fumet de poisson ou de bouillon de volaille
- Quelques filaments de safran
- 50 g de petits pois frais ou surgelés
- 30 grosses moules
- Quelques palourdes
- Sel, poivre

1. Faites chauffer l'huile d'olive dans un wok ou une grande poêle à paella. Mettez-y les encornets ou le calmar à revenir 3 min à feu vif. Prélevez-les à l'écumoire et réservez.

2. Faites revenir les crevettes 3 à 4 min à feu vif dans le wok ou la poêle. Réservez également.

3. Ajoutez les dés de poivron et de piment dans le wok ou la poêle, puis l'oignon et l'ail. Baissez à feu moyen et laissez suer 3 min, puis versez le riz et mélangez sur le feu.

4. Arrosez avec le fumet de poisson ou le bouillon, ajoutez le safran, puis baissez le feu au minimum et couvrez de papier d'aluminium. Laissez cuire environ 25 min.

5. Salez et poivrez, incorporez les petits pois, les crevettes et les encornets, et poursuivez la cuisson 5 min. Déposez sur le dessus les moules et les palourdes, et laissez cuire encore 5 min : elles doivent juste être ouvertes. Servez aussitôt.

Le safran

Oui, le safran est bien l'épice la plus **chère** du monde, et ce n'est pas seulement parce qu'il est très léger : 150 000 pistils de crocus sont nécessaires pour obtenir 1 kg de safran, et il faut les récolter **à la main**… Séchés en étuve ou au soleil, ils sont ensuite prêts à être utilisés, pour parfumer bien sûr la **paella**, mais aussi la **bouillabaisse**, des risottos ou même, à la marocaine… du thé ! Achetez-le de préférence en **filaments**, et ajoutez-le plutôt en fin de cuisson, pour éviter qu'il ne développe ses arômes amers. Sa production ne peut être mécanisée, et il n'est quasiment plus cultivé en France. Les safrans espagnol, iranien ou indien sont réputés : celui du **Cachemire**, particulièrement prisé, est quasiment introuvable en dehors de sa zone de production. ●

Haricots verts à l'ail et aux amandes

Une garniture simplissime mais somptueuse, pour accompagner une épaule d'agneau braisée, par exemple.

Facile | Pour **4 personnes** | Préparation **15 min** | Cuisson **15 min**

Ingrédients

- 800 g de haricots verts
- 5 gousses d'ail
- 3 c. à s. d'huile d'olive
- 2 brins de thym
- 1 c. à s. de persil plat finement ciselé
- 50 g d'amandes grillées à sec concassées
- 1 filet de jus de citron (facultatif)
- Sel, poivre

1. Équeutez et effilez les haricots si nécessaire, puis faites-les cuire 5 à 10 min à l'eau bouillante salée (suivant leur grosseur) : ils doivent rester bien fermes, presque croquants.

2. Pendant ce temps, pelez et dégermez l'ail, puis hachez-le finement.

3. Égouttez les haricots. Faites chauffer l'huile d'olive dans un wok ou une sauteuse et mettez-y l'ail à dorer 1 min à feu vif. Ajoutez les haricots, le thym, le persil, du sel et du poivre. Faites sauter le tout 2 min.

4. Ajoutez les amandes concassées et faites sauter encore 1 min. Coupez le feu, arrosez si vous le souhaitez de jus de citron et rectifiez l'assaisonnement avant de servir.

Le haricot vert

Le haricot vert est récolté bien avant sa maturité, c'est pourquoi il est si tendre. On l'appelle parfois « **haricot filet** », par opposition au mange-tout, qui est néanmoins de la même famille. Pour un accompagnement, comptez facilement 200 g par personne, car c'est un légume léger et très **peu calorique**. C'est d'ailleurs l'ingrédient emblématique des régimes amaigrissants, ce qui lui a fait une réputation de légume fade, largement injuste. À la belle saison, il est en effet très **parfumé**, même si son goût est subtil. Le haricot vert frais est très différent du haricot vert « au naturel », en conserve : il a gardé son **croquant** et toute sa saveur, et ne s'écrase pas à la cuisson. Préparez-le tout seul ou avec d'autres légumes de printemps, en le faisant revenir au wok ou en sauteuse. L'**ail**, la tomate ou les échalotes le relèvent agréablement. Le **haricot beurre**, d'un beau jaune presque doré, en est une variante plus douce, plus juteuse et qui présente également l'avantage de cuire un peu plus rapidement. ●

Conseils pratiques

• ACHAT

Pour être bons, les haricots verts doivent très frais, rigides, voire cassants. Une goutte de jus qui perle au niveau de la cassure est même le signe de haricots verts parfaitement frais. Ne les choisissez pas trop longs : la bonne taille se situe entre 12 à 15 cm (au-delà, ils sont plus filandreux).

• CONSERVATION

Une fois achetés, les haricots verts se conservent peu de temps, car ils ont tendance à sécher. Si vous avez prévu d'attendre quelques jours avant de les cuisiner, emballez-les dans du papier d'aluminium et réservez-les dans le bas du réfrigérateur.

• PRÉPARATION

Les haricots verts doivent être équeutés avant cuisson, mais les variétés les plus récentes ne nécessitent pas d'être effilées. Quand ils sont gros, vous pouvez les couper en deux dans la longueur.

• CUISSON

Faites-les cuire rapidement (5 à 12 min suivant la grosseur) dans une eau salée légèrement frémissante. Pour leur garder une belle couleur, plongez-les, après cuisson et égouttage, dans un grand saladier d'eau glacée. Vous les ferez ensuite réchauffer dans une poêle avec une noisette de beurre, ou tout simplement au four à micro-ondes.

Le + nutrition

Légume digeste et peu calorique, le haricot vert est également riche en vitamines et minéraux, mais la cuisson à l'eau en dilue une bonne partie. Privilégiez la cuisson à la vapeur ou utilisez l'eau de cuisson pour préparer un potage, par exemple.

Pour 100 g
> 25 kcal
> Glucides : 4 g
> Vitamine C : 8,5 mg
> Bêta-carotène : 420 µg
> Vitamine B9 : 41 µg

Gâteau de petits légumes

Ce gâteau aux faux airs de cake salé se sert en tranches, décoré d'olives noires et de poiuron mariné.

Facile | Pour **6 personnes** | Préparation **25 min** | Cuisson **1 h 10**

Ingrédients

– 6 carottes pelées et coupées en bâtonnets
– 250 g de haricots verts équeutés
– 150 g de farine
– 1 sachet de levure chimique

– 3 œufs
– 10 cl d'huile d'olive
– 10 cl de crème liquide
– Sel, poivre

---

1. Faites cuire les carottes et les haricots 10 min à l'eau bouillante salée, puis égouttez-les.

2. Tamisez ensemble la farine et la levure chimique dans une jatte, ménagez-y un puits et cassez-y les œufs. Incorporez l'huile d'olive, puis la crème liquide, en fouettant bien pour éviter tout grumeau. Salez et poivrez.

3. Préchauffez le four à 160 °C (th. 5/6). Tapissez un moule à cake de papier sulfurisé, disposez les carottes dans le fond, puis les haricots. Couvrez avec la pâte, en remplissant bien les interstices.

4. Déposez sur une plaque creuse, versez 1 cm d'eau autour et enfournez pour 1 h. Laissez refroidir dans le four éteint et placez au réfrigérateur.

Poêlée de haricots verts aux lardelles

Un plat complet, aussi léger que savoureux, idéal pour un déjeuner, voire un dîner estival.

Facile | Pour **4 personnes** | Préparation **12 min** | Cuisson **15 min**

Ingrédients
– 450 g de haricots verts
– 4 fines tranches de jambon de Bayonne
– 2 c. à s. d'huile d'olive
– 2 c. à s. de pignons de pin grillés à sec
– ½ salade feuille de chêne lavée et essorée
– Sel, poivre

---

1. Équeutez et effilez les haricots si nécessaire, puis coupez-les en deux. Faites-les cuire 5 à 12 min à l'eau bouillante salée (suivant leur grosseur) : ils doivent rester légèrement croquants.

2. Pendant ce temps, coupez le jambon de Bayonne en fines lardelles. Faites chauffer l'huile d'olive dans une poêle antiadhésive et mettez-y les lardelles de jambon à rissoler 3 à 4 min à feu assez vif : elles doivent être bien croustillantes.

3. Prélevez les lardelles à l'écumoire et réservez-les au chaud. Égouttez les haricots, puis faites-les sauter 2 min à feu vif dans la même poêle.

4. Répartissez les haricots verts dans les assiettes, surmontez des lardelles et parsemez des pignons de pin. Entourez de la salade feuille de chêne.

Tagliatelle aux mousserons et noisettes

Préférez des tagliatelle fraîches, dont le fondant se mariera parfaitement avec la saveur des mousserons.

Facile | Pour **4 personnes** | Préparation **15 min** | Cuisson **10 min**

Ingrédients

– 450 g de mousserons
– 20 g de beurre
– 400 g de tagliatelle fraîches
– Une vingtaine de noisettes émondées

– 2 c. à s. d'huile de noisette
– 4 brins de cerfeuil
– Sel, poivre du moulin

1. Lavez les mousserons rapidement, pour qu'ils ne se gorgent pas d'eau, puis égouttez-les. Dans une casserole, faites-les suer 7 à 8 min à feu moyen avec le beurre, puis salez et poivrez.

2. Pendant ce temps, faites cuire les tagliatelle à l'eau bouillante salée suivant les instructions de l'emballage (2 à 3 min doivent suffire), puis égouttez-les.

3. Faites griller les noisettes 30 s à sec dans une poêle antiadhésive, à feu vif.

4. Répartissez les tagliatelle dans les assiettes, parsemez-les des mousserons et des noisettes. Nappez d'un filet d'huile de noisette et décorez de cerfeuil. Donnez un tour de moulin à poivre avant de servir.

Petites crèmes safranées aux mousserons

Délicatement prises au four, ces crèmes se servent tièdes, en entrée ou en accompagnement d'un filet mignon.

Facile | Pour **4 personnes** | Préparation **25 min** | Cuisson **30 min**

Ingrédients
- 250 g de mousserons
- 20 g de beurre
- 1 œuf entier + 3 jaunes
- 25 cl de crème liquide
- 10 cl de lait

- 4 brins de cerfeuil ciselé + quelques sommités pour décorer
- Quelques filaments de safran
- Sel, poivre du moulin

1. Lavez les mousserons rapidement, pour qu'ils ne se gorgent pas d'eau, puis égouttez-les. Dans une casserole, faites-les suer 7 à 8 min à feu moyen avec le beurre, puis salez et poivrez.

2. Préchauffez le four à 150 °C (th. 5). Battez l'œuf avec les jaunes à la fourchette, ajoutez la crème, puis le lait. Salez et poivrez. Incorporez le cerfeuil.

3. Répartissez les mousserons dans 4 ramequins et couvrez avec la préparation précédente. Ajoutez 1 ou 2 filaments de safran dans chaque ramequin. Déposez sur une plaque creuse, versez 1 cm d'eau autour et enfournez pour 25 min.

4. Laissez tiédir, puis décorez chaque crème de 1 brin de cerfeuil avant de servir.

Wok de légumes fanes au thym

Préservez le croquant de vos légumes en les cuisant au wok, d'abord à feu vif puis en finissant à couvert.

Facile | Pour **4 personnes** | Préparation **25 min** | Cuisson **20 min**

Ingrédients

– 1 botte de navets fanes
– 1 botte de carottes fanes
– 1 pied de brocolis
– 600 g de petites pommes de terre nouvelles
– 2 c. à s. d'huile de tournesol

– 3 feuilles de laurier
– 5 ou 6 brins de thym
– 20 olives violettes dénoyautées
– Sel, poivre du moulin

---

1. Pelez les navets et les carottes en préservant 2 cm de fanes. Détaillez les brocolis en fleurettes. Pelez les pommes de terre.

2. Faites chauffer l'huile de tournesol dans un wok. Mettez-y les carottes et les navets à revenir 3 min. Ajoutez les pommes de terre et laissez cuire 3 min, en mélangeant régulièrement.

3. Baissez à feu doux, ajoutez les brocolis, le laurier et le thym. Salez et poivrez, puis couvrez et laissez cuire 10 min, en remuant le wok de temps en temps.

4. Incorporez les olives et poursuivez la cuisson environ 5 min. Servez immédiatement.

Le navet fanes

À l'instar de la tendre carotte, le navet est disponible « **en primeur** » dès le milieu du printemps : comme son nom l'indique, il est alors vendu avec ses fanes, dans de jolies **bottes** colorées qui donnent un autre visage au marché. Beaucoup plus **petit** que le navet d'hiver, le navet fanes a une chair très délicate, à la saveur très fine, qui convainc définitivement que sa réputation de fadeur est largement injuste ! Faites-le **nacrer** dans un peu de beurre, à couvert, sur feu doux : il sera parfait pour accompagner un rôti de veau, par exemple. On peut même le manger cru, coupé en fines tranches comme pour un carpaccio, ou en bâtonnets, pour agrémenter une salade de sa texture. Vous pouvez utiliser les fanes pour préparer un **velouté** : une vraie recette de grand-mère qui revient enfin à la mode ! ○

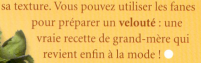

Petits pois aux magrets et jambon cru

Osez allier les saveurs des tendres petits pois, du jambon rustique et des magrets fumés au goût affirmé.

Facile | Pour **4 personnes** | Préparation **20 min** | Cuisson **25 min**

Ingrédients
– 1 kg de petits pois frais
– 4 fines tranches de jambon cru découennées
– 12 petits oignons blancs nouveaux
– 20 g de beurre
– 15 cl de bouillon de légumes

– ½ c. à c. de sucre en poudre
– 8 petits brins de thym
– 8 lamelles de magret de canard fumé
– Sel, poivre

1. Écossez les petits pois. Coupez les tranches de jambon en lanières. Épluchez les oignons en conservant 1 cm de leur tige verte et faites-les blanchir 2 min à l'eau bouillante. Égouttez-les.

2. Faites chauffer le beurre dans une cocotte à feu moyen. Mettez-y les oignons et les lanières de jambon à suer 2 min, en remuant. Ajoutez les petits pois, le bouillon, le sucre et le thym. Salez légèrement et poivrez.

3. Portez le tout à frémissements, puis couvrez et laissez mijoter 20 min environ : les petits pois doivent être tendres sans se défaire.

4. Incorporez les lamelles de magret. Remuez 1 min, juste le temps de les réchauffer. Rectifiez l'assaisonnement. Servez chaud, avec un rôti de veau ou du lapin sauté.

Le petit pois

Il faut redécouvrir le petit pois. Oui, le redécouvrir, car trop de personnes n'en connaissent que sa version en boîte ou surgelée. Bien sûr, des petits pois au naturel sont fondants et délicieux, et c'est vrai que les petits pois surgelés ont gardé toute leur saveur. Mais ni l'un ni l'autre n'ont ce parfum de printemps du petit pois **frais**, cette chair fine de petit joyau explosant en bouche, cette **texture** fragile, et qui peut pourtant cuire longuement sans devenir purée. Il est bien sûr un peu fastidieux à **écosser**, mais c'est un plaisir de s'en occuper avec les enfants : une fois dans leur assiette, ils les verront d'un autre œil et redécouvriront leur parfum ! Le petit pois est un légume vert… aux allures de féculent ! Il est en effet riche en **glucides**, dont une part importante d'amidon, un sucre lent. Il peut d'ailleurs être parfois difficile à digérer. Outre les classiques accords avec la laitue, les carottes ou les oignons, le petits pois se marie parfaitement à la **menthe**, en version chaude ou froide. ●

Conseils pratiques

• ACHAT

Les cosses doivent être brillantes et charnues, aussi vertes que possible. Des cosses flétries ou, pire, jaunâtres, seraient le signe de petits pois farineux après cuisson. Si les pédoncules sont encore présents sur les cosses, c'est également gage de fraîcheur ! Petit test : vous pouvez goûter un petit pois cru ; il doit se révéler tendre et sucré.

• PRÉPARATION

Écossez-les juste avant de les cuire, pour ne pas les laisser se dessécher. Comptez quasiment 60 % de perte : 1 kg de petits pois en cosses donne environ 450 g de petits pois prêts à cuire.

• CUISSON

En mai, quand ils sont encore primeur, les petits pois ne demandent qu'une douzaine de minutes de cuisson, mais, en fin d'été, ce temps va en grandissant : jusqu'à 25 min pour des petits pois de fin de saison. Faites-les cuire simplement à l'eau bouillante salée ou à l'étouffée, avec de la laitue et des petits oignons grelots.

• ASTUCE

Certains chefs cuisinent les cosses des petits pois ! On peut par exemple en faire une soupe, un velouté glacé ou même… un sorbet. On utilise alors les cosses des petits pois primeur, cueillis le jour même.

Le ✚ nutrition

Les glucides complexes du petits pois en font presque un féculent, en ce qu'il fournit de l'énergie sur une longue période. Il est pourtant peu calorique, il apporte des protéines et est riche en vitamines A, B et C, en phosphore et en fer.

Pour 100 g
> 70 kcal
> Protéines : 5 g
> Glucides : 11,5 g
(dont amidon : 6 g)
> Phosphore : 100 mg
> Fer : 1,4 mg

Petits pois aux artichauts

Petits pois et artichauts s'accordent à merveille dans cette recette idéale pour accompagner un poisson.

Facile | Pour **4 personnes** | Préparation **25 min** | Cuisson **30 min**

Ingrédients

- 1 kg de petits pois
- 4 petits artichauts nouveaux
- 1 filet de jus de citron
- 2 gousses d'ail

- 4 c. à s. d'huile d'olive
- 2 c. à s. de persil plat ciselé
- Sel, poivre

1. Écossez les petits pois. Cassez la queue des artichauts, supprimez-en les feuilles vertes et coupez le haut des autres aux ciseaux. Coupez les cœurs en deux dans la hauteur et retirez le foin à la cuillère. Citronnez-les.

2. Pelez les queues des artichauts à l'économe, puis coupez-les en biseau. Pelez les gousses d'ail et coupez-les en fines lamelles.

3. Faites chauffer l'huile dans une cocotte. Mettez-y les queues d'artichauts à revenir 5 min à feu moyen. Ajoutez les cœurs, l'ail, les petits pois et 20 cl d'eau. Salez et poivrez.

4. Portez à frémissements et couvrez. Laissez mijoter 25 min environ : les artichauts doivent être bien tendres. Incorporez le persil et rectifiez l'assaisonnement. Servez aussitôt.

Quiche aux petits pois, poivron et maroilles

Une quiche originale, où la saveur si douce des petits pois est relevée par celles du poivron et du maroilles.

Facile | Pour **6 personnes** | Préparation **20 min** | Cuisson **40-45 min**

Ingrédients

- 500 g de petits pois
- 1 c. à s. d'huile d'olive
- 1 oignon jaune émincé
- 1 poivron rouge épépiné et émincé
- 1 pâte brisée préétalée

- 2 œufs
- 25 cl de crème liquide
- 1 pincée de noix muscade râpée
- 80 g de maroilles coupé en dés
- Sel, poivre

---

1. Écossez les petits pois. Faites-les blanchir 2 min à l'eau bouillante salée. Égouttez-les et rincez-les à l'eau froide.

2. Préchauffez le four à 210 °C (th. 7). Faites chauffer l'huile dans une poêle à feu moyen. Mettez-y l'oignon et le poivron à revenir 3 min, en remuant.

3. Garnissez un moule à tarte antiadhésif avec la pâte. Piquez le fond à la fourchette. Répartissez-y les petits pois et le contenu de la poêle. Fouettez les œufs avec la crème, la muscade, du sel et du poivre. Versez sur les légumes. Parsemez des dés de maroilles. Enfournez pour 15 min.

4. Baissez la température du four à 180 °C (th. 6). Poursuivez la cuisson 20 à 25 min. Laissez reposer 5 min avant de démouler. Servez chaud, avec de la viande froide ou du jambon fumé.

Pois gourmands parmentière

Un accompagnement à transformer en plat complet en y ajoutant des aiguillettes de blancs de poulet grillés.

Facile | Pour **4 personnes** | Préparation **20 min** | Cuisson **30 min**

Ingrédients
– 600 g de pommes de terre nouvelles
– 500 g de pois gourmands
– 100 g de roquette
– 1 c. à c. d'huile d'olive

– 50 g de beurre
– 4 oignons blancs nouveaux émincés
– 1 filet de jus de citron
– Sel, poivre du moulin

1. Grattez les pommes de terre. Faites-les cuire 15 min à l'eau bouillante salée. Égouttez-les, puis coupez-les en deux dans la longueur. Faites cuire les pois gourmands 5 min à l'eau bouillante salée. Égouttez-les. Lavez et essorez la roquette.

2. Faites chauffer l'huile et la moitié du beurre dans une sauteuse. Mettez-y les pommes de terre à dorer 5 min environ à feu moyen, en les retournant souvent pour bien les cuire à cœur. Transférez-les à l'écumoire dans un plat creux.

3. Faites chauffer le reste de beurre dans la sauteuse. Mettez-y les pois gourmands à revenir 2 min, en remuant. Ajoutez-les aux pommes de terre avec les oignons et la roquette. Mélangez bien.

4. Déglacez la poêle avec le jus de citron. Versez le tout sur les légumes, poivrez et servez.

« Ne cuisez pas trop les pois gourmands : encore légèrement croquants, ils développent toute leur saveur. »

Omelette aux épinards et aux tomates

Cette omelette accompagne idéalement une assiette de charcuterie italienne : jambon de Parme, coppa, bresaola…

Facile | Pour **4 personnes** | Préparation **10 min** | Cuisson **15 min**

Ingrédients

- 250 g d'épinards
- 2 c. à s. d'huile d'olive
- 4 tomates épépinées et coupées en dés
- 8 œufs
- 1 gousse d'ail écrasée

- 10 cl de crème liquide
- 2 c. à s. de parmesan fraîchement râpé
- 1 ou 2 pincées de piment d'Espelette en poudre
- Sel

1. Lavez les épinards. Faites-les blanchir 5 min à l'eau bouillante salée. Égouttez-les avec soin, puis pressez-les entre les mains pour éliminer un maximum d'eau.

2. Faites chauffer l'huile dans une poêle. Mettez-y les tomates à revenir 5 min à feu moyen, en remuant souvent. Ajoutez les épinards et mélangez.

3. Dans une jatte, battez les œufs en omelette avec l'ail, la crème, le parmesan, du sel et le piment. Versez dans la poêle.

4. Faites cuire l'omelette 5 min environ, en remuant du bord vers le centre à la spatule. Quand la base est bien dorée et la surface encore un peu baveuse, faites-la glisser sur un plat et servez.

L'épinard

Oubliez Popeye ! Car, non, l'épinard n'est pas riche en fer ! On ne trouve en réalité que **2,5 mg de fer** pour 100 g d'épinards crus ! Or la cuisson annihile une grande partie de ce fer. Enfin, le fer issu des végétaux est très peu assimilé par l'organisme… Il faudrait ainsi consommer environ 500 g d'épinards cuits pour obtenir l'équivalent en fer d'une seule bouchée de foie de veau ! Pour autant, il existe de nombreuses bonnes raisons de manger des épinards, à commencer par leur **goût**. Jeunes, ils sont appelés « **pousses d'épinards** », et ils sont délicieux crus, en salade, où leur tendreté fait merveille. Récoltés un peu plus tard, ils sont parfaits blanchis ou étuvés, pour fournir de merveilleuses garnitures aux viandes blanches et aux poissons, mais aussi pour varier les quiches, feuilletés, omelettes… Les préparations incluant des épinards sont indifféremment appelées « **à la florentine** », en hommage à Catherine de Médicis, qui en raffolait et qui les introduisit à la cour du roi de France à la Renaissance.

Conseils pratiques

• ACHAT

Les jeunes épinards (« pousses d'épinards ») doivent être très frais, et leur feuilles rigides et cassantes, comme des feuilles de salade. Choisissez-les vert tendre. Les épinards plus vieux peuvent avoir un aspect terne et afficher un vert plus foncé, mais ôtez les feuilles jaunies ou flétries.

• CONSERVATION

Des épinards parfaitement frais se conservent 2 à 3 jours dans le bas du réfrigérateur, dans un sac en plastique non fermé (pour leur éviter de fermenter). Mais pensez qu'ils ont souvent déjà passé ces 2 à 3 jours dans les cartons du maraîcher… Mieux vaut donc les cuisiner au plus vite après l'achat.

• PRÉPARATION

Si vos épinards ont des « côtes » (nervures centrales des feuilles) épaisses, il vous faudra les retirer avant cuisson. Lavez-les avec soin sous l'eau courante éventuellement vinaigrée, pour éliminer toute trace de terre ou les petits insectes.

• CUISSON

Par principe, l'épinard se blanchit. Une fois égoutté, rafraîchi et essoré, il se cuisine alors au beurre, avec des aromates, suivant la recette choisie. Mais, si les feuilles sont assez jeunes, vous pouvez directement les faire « tomber » dans une sauteuse avec un peu de matière grasse, puis les arroser de bouillon pour terminer leur cuisson.

Le ➕ nutrition

L'épinard est un légume vert particulièrement riche en fibres et en calcium. Peu énergétique, il peut être consommé à satiété – à condition toutefois d'oublier le beurre ! Attention, il est riche en oxalates, ce qui interdit aux personnes atteintes de goutte ou encore de calculs rénaux d'en manger.

Pour 100 g d'épinards cuits
- 22 kcal
- Glucides : 3,6 g
- Calcium : 190 mg
- Fibres : 3 g
- Fer : 2 mg
- Oxalates : 320 mg

Salade d'épinards aux amandes

Pour un accord parfait, servez cette salade parfumée au curry avec des côtes d'agneau poêlées au cumin.

Facile | Pour **4 personnes** | Préparation **15 min** | Cuisson **2-3 min**

Ingrédients

- 300 g de pousses d'épinards
- 1 petit poivron rouge
- 1 gros oignon rouge
- 100 g d'amandes mondées
- 4 c. à c. de curry
- 2 c. à s. de vinaigre de cidre

- 1 c. à c. de moutarde
- 6 c. à s. d'huile de tournesol
- 2 échalotes finement émincées
- Quelques sommités de menthe
- Sel, poivre

---

1. Lavez et essorez les pousses d'épinards. Lavez et équeutez le poivron. Coupez-le en deux, épépinez-le, puis émincez-le. Épluchez l'oignon. Coupez-le en rondelles, puis séparez-en les anneaux.

2. Faites chauffer une poêle antiadhésive à feu moyen. Mettez-y les amandes et saupoudrez-les de 3 c. à c. de curry. Faites-les blondir 2 à 3 min, en remuant souvent. Retirez la poêle du feu.

3. Dans un saladier, mélangez le vinaigre avec la moutarde, le reste du curry, du sel et du poivre. Émulsionnez avec l'huile en fouettant bien, puis incorporez les échalotes.

4. Ajoutez les pousses d'épinards, le poivron, les trois quarts de l'oignon et les amandes dans le saladier. Mélangez bien avec la vinaigrette, puis décorez du reste d'oignon et de la menthe. Servez sans attendre.

« Les pousses d'épinards se mangent également crues, à la vinaigrette : découvrez leur délicieux petit goût acidulé ! »

Brochettes de pommes de terre au chorizo

Pour étonner vos convives tout en les régalant, servez ces brochettes avec des sardines grillées.

Facile | Pour **4 personnes** | Préparation **25 min** | Cuisson **30 min**

Ingrédients
- 80 g de chorizo
- 1 c. à s. de chapelure fine
- 24 petites pommes de terre nouvelles de l'île de Ré
- 12 fines tranches de lard fumé
- 2 c. à s. d'huile d'olive
- 30 g de beurre
- Sel

---

1. Préchauffez le four à 210 °C (th. 7). Retirez la peau du chorizo, puis coupez-le en rondelles très fines. Disposez-les côte à côte sur une plaque à pâtisserie tapissée de papier sulfurisé. Enfournez pour 5 min. Déposez sur du papier absorbant et laissez complètement refroidir.

2. Mixez les rondelles de chorizo avec la chapelure jusqu'à obtention d'une poudre homogène.

3. Pelez les pommes de terre. Faites-les cuire 20 min à l'eau bouillante salée, puis égouttez-les. Coupez les tranches de lard en deux. Entourez chaque pomme de terre avec ½ tranche de lard. Enfilez les pommes de terre lardées trois par trois sur 8 brochettes en bois.

4. Faites chauffer l'huile et le beurre dans une poêle à feu moyen. Mettez-y les brochettes à dorer 2 à 3 min de chaque côté, puis roulez-les dans la chapelure au chorizo. Servez sans attendre.

« Reconnaissable à sa peau fine, la pomme de terre nouvelle se fait rissoler ou rôtir au four. »

Pommes de terre grenailles sautées

Fondantes et dorées à souhait, ces grenailles accompagneront aussi bien une viande qu'un poisson grillé.

Facile | Pour **4 personnes** | Préparation **10 min** | Cuisson **25 min**

Ingrédients
– 600 g de pommes de terre grenailles
– 1 gros oignon blanc
– 25 g de beurre
– 2 c. à s. d'huile d'olive

– 8 sommités de persil
– Quelques feuilles d'aneth
– Fleur de sel, poivre du moulin

1. Brossez les pommes de terre sous l'eau courante sans les peler, puis séchez-les dans du papier absorbant.

2. Épluchez l'oignon. Coupez-le en rondelles, puis séparez-en les anneaux.

3. Dans une sauteuse, faites chauffer le beurre et l'huile à feu moyen. Mettez-y les pommes de terre

et les anneaux d'oignon à cuire 25 min environ, en remuant souvent : les pommes de terre doivent être cuites à cœur et joliment dorées.

4. Saupoudrez les pommes de terre de fleur de sel et poivrez. Décorez de persil et d'aneth. Servez immédiatement.

Pommes de terre fourrées à la ciboulette

Servi avec ces pommes de terre à déguster à la cuillère, un gigot d'agneau s'en trouvera sublimé !

Facile | Pour **4 personnes** | Préparation **15 min** | Cuisson **1 h 15**

Ingrédients

- 4 grosses pommes de terre nouvelles à chair ferme
- 30 g de beurre coupé en dés
- 3 c. à s. de crème fraîche épaisse
- 3 c. à s. de ciboulette ciselée
- 1 pincée de noix muscade râpée
- Sel, poivre

---

1. Préchauffez le four à 220 °C (th. 7-8). Lavez les pommes de terre, piquez-les régulièrement à la fourchette, puis enveloppez-les individuellement et hermétiquement de papier d'aluminium. Enfournez pour 1 h. Retirez les pommes de terre du four, puis baissez-en la température à 210 °C (th. 7).

2. Retirez le papier d'aluminium, puis coupez les pommes de terre en deux dans la longueur. Évidez-les délicatement à la cuillère, sans en percer la peau, et mettez la pulpe recueillie dans une jatte.

3. Écrasez la pulpe chaude avec le beurre, puis incorporez-y la crème, la ciboulette, la muscade, du sel et du poivre.

4. Garnissez les demi-pommes de terre évidées de la préparation précédente. Enfournez pour 15 min environ. Servez aussitôt.

Moelleux aux amandes et au citron

À l'heure du thé comme au goûter, ce gâteau aérien recueillera tous les suffrages des gourmets !

Délicat | Pour **6 personnes** | Préparation **30 min** | Cuisson **40 min**

Ingrédients

– 20 g de beurre ramolli
– 2 citrons non traités
– 5 œufs
– 100 g de sucre en poudre
– 1 c. à s. d'amaretto

– 250 g de poudre d'amandes
– 80 g d'amandes effilées
– Sucre glace
– Sel

1. Préchauffez le four à 180 °C (th. 6). Beurrez un moule à manqué à bord haut. Lavez les citrons. Séchez-les dans du papier absorbant, puis râpez-en finement le zeste.

2. Cassez les œufs en séparant les blancs des jaunes. Dans une jatte, fouettez les blancs en neige ferme avec 1 pincée de sel ; incorporez-y le sucre versé en pluie quand ils commencent à se raffermir.

3. Dans un saladier, mélangez intimement les jaunes d'œufs avec le zeste râpé, l'amaretto et la poudre d'amandes. Incorporez délicatement les blancs en neige, en soulevant bien la masse à la spatule.

4. Transférez la préparation précédente dans le moule. Parsemez des amandes effilées, puis enfournez pour 40 min. Démoulez sur une grille et laissez refroidir. Poudrez de sucre glace juste avant de servir.

« L'amande est bourrée d'acides gras insaturés, bons pour la santé. Profitez-en ! »

L'amande

Bien sûr, on trouve toute l'année des amandes séchées, effilées, concassées, en poudre… Mais **l'amande fraîche**, la vraie, n'arrive sur les marchés qu'au mois de mai, parfois même tardivement, car elle ne se laisse pas dompter facilement… Ne la confondez pas avec l'amande amère, qui, comme les noyaux de pêche ou d'abricot, est toxique à haute dose. L'amande fraîche est encagée dans une **coque** très dure (utilisez un casse-noix), elle-même protégée par une **bogue** veloutée, de couleur vert pâle, qu'il faut choisir sans taches. On ne la trouve en bogue que pendant les premières semaines, car celle-ci flétrit, puis tombe. Fraîche ou sèche, l'amande est de toute façon **très calorique**, car riche en lipides. Elle se marie à de nombreux autres aliments, de l'entrée jusqu'au dessert. Les amandes sèches doivent être « mondées » (pelées) avant d'être consommées, car leur peau n'est pas digeste : faites-les blanchir 20 s, puis rafraîchissez-les sous l'eau courante, pour faciliter l'opération. ●

Conseils pratiques

• ACHAT

En bogue ou en coque, peu importe, mais l'amande doit adhérer à sa coque : pour vous en assurer, saisissez-en une et secouez-la. Si vous entendez l'amande cogner contre la coque, passez votre chemin : elle n'est plus fraîche.

• CONSERVATION

Les amandes fraîches rancissent assez rapidement, même dans leur coque. Conservez-les de préférence dans un endroit frais et sec, mais aussi préservé des variations de température (ce sont elles qui font rancir l'amande, en provoquant l'exsudation de son huile).

• PRÉPARATION

Ôtez la bogue et cassez la coque des amandes fraîches pour accéder aux amandes elles-mêmes. Vous pouvez les faire griller 1 min à sec dans une poêle antiadhésive, afin de leur donner du croquant et de rehausser leur parfum.

• CUISSON

Denses, les amandes fraîches n'ont pas peur de la cuisson – par exemple en papillote (avec du poisson, des dés de pomme…). En revanche, n'ajoutez les amandes séchées, surtout si elles sont effilées, qu'en toute fin de cuisson, juste avant de servir, pour leur éviter de ramollir.

Le + nutrition

C'est une bombe calorique, mais on la consomme généralement en petites quantités, et ses lipides sont principalement constitués d'acides gras insaturés, bons pour le cholestérol. Elle est également riche en protéines, ainsi qu'en sels minéraux, en vitamines E et du groupe B.

Pour 100 g
> 570 kcal
> Lipides : 53 g
(dont 4 g d'acide gras saturés)
> Protéines : 23 g
> Vitamine E : 25 mg
> Potassium : 860 mg

La cerise

Comme le dit la chanson, il est bien court, le **temps des cerises**... C'est pourquoi il faut en profiter dès que les belles cerises gorgées de soleil arrivent au marché : de la mi-mai à la fin juin. La **burlat**, bien dodue, de couleur carmin quand elle est parfaitement mûre, convient particulièrement au grignotage : c'est un vrai fruit de table, même si on peut toujours en faire de délicieux desserts. La **bigarreau** est parfaite en **clafoutis** ou en tarte. Les cerises acides (**griotte, montmorency**) sont, quant à elles, idéales pour des confitures ou la conservation à l'eau-de-vie. C'est un fruit relativement sucré, donc calorique, et néanmoins **utile dans un régime** : la cerise est en effet riche en **pectine**, qui a un effet coupe-faim (et qui en fait également l'ingrédient idéal des confitures). Elle se marie toujours idéalement avec le chocolat – le plus noir possible – pour la confection de gâteaux épais ou de bouchées canailles : de petites cerises dénoyautées, simplement trempées dans un chocolat noir à 70 % de cacao, deviendront de magnifiques friandises.

Conseils pratiques

• ACHAT

Les cerises doivent être brillantes, la chair souple sous-tendant une peau bien ferme. Certaines variétés peuvent cependant se fendre naturellement : guettez alors la pulpe, qui ne doit pas être desséchée. La queue, bien verte, doit être rigide, mais non cassante.

• PRÉPARATION

Lavez soigneusement les cerises, car elles sont parfois traitées après récolte. Il ne faut cependant pas les équeuter avant de les laver, car elles se gorgeraient d'eau pendant l'opération, ce qui rendrait leur dégustation bien peu agréable.

• CONSERVATION

Ne les lavez qu'au tout dernier moment, avant de les consommer, pour éviter tout risque de les flétrir. Conservez-les jusqu'à 48 h à température ambiante mais à l'abri du soleil, sous une cloche pour éviter les insectes.

• CUISSON

Question éternelle : doit-on dénoyauter les cerises avant de les glisser dans un clafoutis ? La réponse tient à votre seule préférence : les noyaux donnent plus de goût... mais rendent le gâteau moins facile à déguster. Et, dans ce cas, prévenez vos convives, pour éviter les mauvaises surprises !

Le ✚ nutrition

La cerise est riche en vitamines, surtout en bêta-carotène et en vitamines C et E. Elle recèle des minéraux, parmi lesquels calcium, cuivre, manganèse, cobalt ou potassium. Elle est légèrement laxative. Les queues de cerise, en infusion, ont un grand pouvoir diurétique.

Pour 100 g
> 71 kcal
> Glucides : 17 g
> Vitamine C : 9 mg
> Bêta-carotène : 0,4 mg
> Calcium : 11 mg
> Potassium : 215 mg

Clafoutis aux cerises et à la rhubarbe

La rhubarbe s'allie aux cerises dans ces mini-clafoutis qu'elle enrichit de sa note subtilement acidulée.

Facile | Pour **6 personnes** | Préparation **20 min** | Macération **1 h** | Cuisson **15-20 min**

Ingrédients
- 1 belle tige de rhubarbe
- 6 c. à s. de sucre en poudre
- 400 g de cerises
- 3 œufs
- 3 c. à s. de farine tamisée

- 30 cl de lait entier
- 20 cl de crème liquide
- 30 g de beurre ramolli
- 6 c. à c. de cassonade

1. Pelez la tige de rhubarbe en l'effilant. Coupez-la en dés. Dans une jatte, mélangez-les avec la moitié du sucre. Laissez-les macérer 1 h, puis égouttez-les soigneusement.

2. Préchauffez le four à 200 °C (th. 6-7). Lavez, équeutez, puis séchez les cerises sur du papier absorbant. Fouettez les œufs avec le sucre restant jusqu'à ce que le mélange blanchisse. Incorporez la farine, puis le lait et la crème en fouettant, jusqu'à obtenir une pâte fluide et homogène.

3. Beurrez 6 moules individuels à bord haut au pinceau. Répartissez-y les cerises et la rhubarbe. Recouvrez de pâte. Enfournez pour 15 à 20 min.

4. Poudrez les clafoutis de cassonade dès la sortie du four. Servez-les tièdes ou tout juste refroidis.

Brioché aux cerises et à l'amande

Aussi spectaculaire que facile à réussir, ce dessert met en valeur la succulence des cerises juteuses !

Facile | Pour **6 personnes** | Préparation **15 min** | Cuisson **20 min**

Ingrédients

- 25 g de beurre ramolli
- 300 g de cerises
- 2 œufs
- 100 g de sucre en poudre
- 2 sachets de sucre vanillé
- 2 c. à s. d'amaretto
- 15 cl de lait entier
- 200 g de tranches de brioche
- 50 g d'amandes effilées
- Sucre glace

1. Préchauffez le four à 200 °C (th. 6-7). Beurrez un moule à manqué au pinceau. Lavez et séchez les cerises. Réservez-en 6 pour décorer. Équeutez et dénoyautez les autres.

2. Dans une jatte, fouettez les œufs avec les deux sucres, l'amaretto et le lait jusqu'à obtention d'une préparation homogène. Trempez rapidement les tranches de brioche dans ce mélange.

3. Répartissez la moitié des tranches de brioche dans le moule, en les serrant les unes contre les autres. Répartissez les cerises dessus. Recouvrez du reste des tranches de brioche, puis arrosez du reste de la préparation aux œufs. Parsemez des amandes. Enfournez pour 20 min.

4. Laisser refroidir avant de démouler. Poudrez de sucre glace et découpez en 6 parts. Servez à l'assiette, en décorant des cerises réservées.

Poêlée de fraises croustillantes

Rapidement poêlées au beurre, les fraises sont parsemées de crumble aux noisettes : un régal !

Facile | Pour **4 personnes** | Préparation **20 min** | Cuisson **12 min**

Ingrédients

- 30 g de farine
- 30 g de sucre en poudre
- 30 g de poudre de noisettes
- 30 g de beurre demi-sel coupé en dés
  + 25 g de beurre doux pour la cuisson

- 300 g de gariguettes
- 50 g de cassonade
- le jus et le zeste prélevé au zesteur
  de 1 citron vert
- 4 c. à s. bombées de crème fraîche épaisse

1. Préchauffez le four à 180 °C (th. 6). Mélangez la farine, le sucre, la poudre de noisettes et le beurre demi-sel du bout des doigts, jusqu'à obtention d'une pâte grossièrement sableuse. Étalez sur une plaque tapissée de papier sulfurisé. Enfournez pour 10 min. Laissez refroidir ce crumble.

2. Rincez les fraises. Équeutez-les et coupez-les en quartiers. Faites chauffer le beurre doux dans une poêle à feu moyen. Mettez-y les fraises à revenir 1 min, en remuant délicatement. Poudrez-les de cassonade et poursuivez la cuisson 1 min. Répartissez dans 4 ramequins.

3. Déglacez la poêle avec le jus de citron mélangé à 2 c. à s. d'eau, en grattant le fond à la spatule. Versez sur les fraises.

4. Parsemez du zeste et du crumble. Surmontez de crème et servez aussitôt.

Tiramisu aux fraises

Cette délicate déclinaison du célèbre entremets au mascarpone fait la part belle aux fraises de saison !

Facile | Pour **6 personnes** | Préparation **30 min** | Réfrigération **3 h**

Ingrédients
– 2 œufs, jaunes et blancs séparés
– 50 g + 1 c. à s. de sucre en poudre
– 250 g de mascarpone
– Le jus de 1 citron
– 12 biscuits à la cuiller
– 500 g de gariguettes
– Sel

---

1. Fouettez les jaunes d'œufs avec 50 g de sucre jusqu'à ce que le mélange blanchisse. Incorporez le mascarpone et 1 c. à s. du jus de citron, en fouettant jusqu'à obtention d'une consistance homogène.

2. Fouettez les blancs d'œufs en neige ferme avec 1 pincée de sel. Incorporez-les délicatement à la préparation précédente.

3. Dans une assiette creuse, mélangez le reste du jus de citron avec 1 c. à s. de sucre et 2 c. à s.

d'eau chaude. Trempez-y les biscuits pour bien les en imbiber, puis coupez-les en morceaux.

4. Rincez les fraises. Réservez-en 12 à 18 pour décorer. Équeutez les autres, puis coupez-les en quartiers. Dans 6 verrines, répartissez dans l'ordre 1 couche de biscuits, 1 couche de quartiers de fraise et 1 couche de préparation au mascarpone. Réitérez l'opération. Réservez les tiramisús 3 h au réfrigérateur. Décorez des fraises réservées juste avant de servir.

Fondue au chocolat

Si les enfants adorent la fondue au chocolat, les adultes plébiscitent cette version corsée de café soluble…

Délicat | Pour **6 personnes** | Préparation **35 min** | Cuisson **5 min**

Ingrédients

- 250 g de chocolat noir concassé
- 125 g de beurre coupé en dés
- 25 cl de lait
- 2 c. à c. de café soluble
- 3 jaunes d'œufs extrafrais

- 300 g de gariguettes
- 3 kiwis pelés et coupés en dés
- 3 clémentines détaillées en quartiers
- 6 madeleines roses

1. Dans une casserole à fond épais, faites fondre le chocolat à feu très doux avec le beurre. Remuez pour bien lisser, puis transférez dans un caquelon à fondue.

2. Portez le lait à frémissements avec le café soluble. Fouettez les jaunes d'œufs dans une jatte. Incorporez-y le lait au café sans cesser de fouetter, puis ajoutez le tout au contenu du caquelon.

3. Posez le caquelon sur la source de chaleur adaptée, en réglant la température au plus bas.

4. Rincez les fraises et équeutez-en la moitié. Servez-les avec le reste des fruits et les madeleines en accompagnement de la fondue : chaque convive plongera l'ingrédient choisi dans le chocolat avant de le déguster.

La fraise gariguette

Elle est synonyme de début d'été, de **retour des beaux jours** et d'approche des vacances, la belle gariguette, qui arrive sur nos étals au tout début du **mois de mai**. Les grosses fraises d'Espagne sont là depuis quinze jours, mais la gariguette est la première **fraise primeur** de plein champ, et sa saveur est incomparable. Fine et élancée, elle a un parfum doux et acidulé ; c'est par excellence la **fraise à croquer,** sans aucun apparat. Élaborée à l'Institut national de la recherche agronomique dans les années 1980, c'est aujourd'hui une vraie réussite, devenue le symbole de la **fraise française** de qualité. Préférez-la vendue en barquette, où elle est mieux protégée, et examinez bien le fond, pour guetter toute trace de fruits écrasés ou ayant coulé. ●

Mini-tartelettes au citron meringuées

Vous servirez ces douceurs délicieusement acidulées en fin de repas, avec le café, ou à l'heure du thé.

Délicat | Pour **20 mini-tartelettes** | Préparation **40 min** | Cuisson **15 min**

Ingrédients

– 2 pâtes sablées préétalées
– 2 œufs entiers + 2 blancs
– 150 g de sucre en poudre

– 35 g de beurre ramolli
– Le zeste finement râpé et le jus de 1 citron non traité
– 1 pincée de sel

---

1. Préchauffez le four à 180 °C (th. 6). Avec un emporte-pièce de 9 cm de diamètre, découpez 20 disques de pâte sablée. Garnissez-en 20 mini-moules à tartelettes antiadhésifs. Piquez les fonds à la fourchette. Couvrez-les d'aluminium, lestez-les de légumes secs et enfournez-les pour 15 min.

2. Dans une jatte, fouettez les œufs avec 50 g de sucre. Incorporez le beurre, puis le zeste et le jus de citron, en fouettant. Faites épaissir au bain-marie

en remuant. Répartissez sur les fonds de tartelettes débarrassés de leur lest et laissez refroidir.

3. Faites chauffer le sucre restant avec 2 c. à s. d'eau pour obtenir un sirop. Allumez le gril du four.

4. Fouettez les blancs en neige ferme avec le sel. Incorporez le sirop en filet, en fouettant. Répartissez sur les tartelettes à l'aide d'une poche à douille. Faites légèrement dorer sous le gril. Servez froid.

Le citron

Dans la grande famille des **agrumes**, le citron est le chef incontesté : il est intégré à quasiment toutes les cuisines du monde, dans les plats salés comme sucrés. On l'ajoute souvent à cru ou **en fin de cuisson**, afin de ne pas en dénaturer le goût. C'est aussi une bonne manière de ne pas réduire son apport en vitamines. Il est, entre autres, particulièrement riche en **vitamine C** : le jus d'un seul citron couvre largement les besoins quotidiens. Il relève la saveur d'une blanquette, mais également celle de la volaille ou du poisson (au four, en papillote…). Il est utilisé en **marinade** pour attendrir des viandes (porc, poulet) et permet même une cuisson « à cru » des chairs fines ou émincées, notamment pour les carpaccios (saint-jacques, bœuf…). Côté sucré, faites-en des tartes, des crèmes, des mousses, des gâteaux… et même des marmelades, en utilisant son **zeste**. Enfin, il se prête merveilleusement aux crèmes glacées et aux granités. ●

Conseils pratiques

• ACHAT

Préférez les citrons à la peau fine et non ridée : ils seront plus riches en jus et plus faciles à presser. Choisissez-les bien jaunes, fermes et bombés, sans traces de meurtrissures.

• CONSERVATION

Gardez-les à température ambiante, dans un panier, en évitant qu'ils se touchent. Vérifiez-les régulièrement pour vous assurer qu'aucun ne commence à moisir : il gâterait tous les autres. Si certains vous paraissent imparfaitement mûrs, vous pouvez les envelopper dans une feuille de papier journal pour achever leur maturation.

• TRAITEMENT

Sauf indication contraire, les citrons, comme la majorité des agrumes, sont traités après récolte. Il ne faut donc consommer que leur jus. Si vous voulez utiliser les zestes, choisissez impérativement des fruits non traités et brossez-les sous l'eau courante.

• PRÉPARATION

Le zeste de citron se prélève normalement avec un canneleur ou un zesteur, mais vous pouvez aussi utiliser tout simplement une petite râpe ou un couteau économe. Prenez soin de ne pas prélever la partie blanche située sous la peau (le ziste), car elle est très amère.

Le ➕ nutrition

Outre son apport majeur en vitamine C, le citron est riche en antioxydants, bénéfiques pour la circulation sanguine et prévenant les maladies cardio-vasculaires. Le fruit est riche en fibres, mais le jus du fruit pressé n'en contient, quant à lui, quasiment plus…

Pour 10 cl de jus de citron

> 29 kcal
> Glucides : 8 g
> Vitamine C : 48 mg
> Potassium : 120 mg

Fiadone au brocciu

Avant de le servir, décorez ce gâteau corse d'un triangle de zeste de citron et de feuilles de citronnier.

Délicat | Pour **6 personnes** | Préparation **30 min** | Cuisson **30 min**

Ingrédients

– 20 g de beurre ramolli
– Le zeste de 1 citron non traité
– 5 œufs, jaunes et blancs séparés

– 120 g de sucre en poudre
– 400 g de brocciu frais bien égoutté
– 1 pincée de sel

---

1. Préchauffez le four à 150 °C (th. 5). Beurrez un moule à manqué au pinceau.

2. Faites blanchir le zeste 3 min à l'eau bouillante. Rincez-le ensuite à l'eau froide, puis hachez-le très finement.

3. Dans une jatte, fouettez les jaunes d'œufs avec le sucre jusqu'à ce que le mélange blanchisse.

Ajoutez le zeste et le fromage, en mélangeant jusqu'à obtention d'une consistance homogène.

4. Fouettez les blancs en neige ferme avec le sel. Incorporez-les délicatement à la préparation précédente. Transférez le tout dans le moule et enfournez pour 30 min. Laissez tiédir avant de démouler. Servez froid.

A à Z du mois de Mai